Preguntas y respuestas sobre Matomo y ejercicios prácticos

Evalúa rápidamente tus

conocimientos sobre Matomo

Analytics.

Por Ronan Chardonneau, Carlos Gago Aragón
y Diana Furber.

Índice

El problema que estamos intentando resolver.

Como instructor, a menudo te piden que valides los conocimientos y habilidades de los participantes. Aunque no sea el método perfecto, los cuestionarios con preguntas de opción múltiple y los ejercicios prácticos son una forma de hacerlo y ese es mi objetivo con este libro. Si tu pregunta es cómo se puede llegar dominar Matomo, sinceramente, después de más de diez años trabajando con esta plataforma, lo único que puedo decir es que la escuela de la vida será tu mejor maestro. Lo cierto es que instalar Matomo en tu servidor y trabajar con él probando una y mil cosas es probablemente la manera más rápida de lograrlo.

¿Cómo está organizado este libro?

Cada capítulo comienza con una introducción sencilla a la que siguen una serie de preguntas con opciones de respuesta múltiple. Después encontrarás un apartado en el que se da la respuesta a cada pregunta con su explicación y, por último, un conjunto de ejercicios prácticos.

¿Y si no respondo correctamente a las preguntas?

En primer lugar, hay que decir que algunas respuestas pueden prestarse al debate, aunque he hecho todo lo posible para que tanto las preguntas como las respuestas se entiendan bien. También es posible que no respondas a todas las preguntas correctamente, pero no tienes porqué sentirte frustrado. Si tienes dudas, si necesitas más ayuda, o si quieres profundizar más, puedes encontrar toda la documentación de Matomo en https://matomo.org y https://developer.matomo.org.

1 Acerca de la analítica web

La analítica web es el proceso de medición, recopilación, análisis y elaboración de informes de datos sobre el tráfico del sitio web y el comportamiento de los usuarios. Estos datos se utilizan para mejorar el rendimiento de la página web, impulsar el tráfico y aumentar las conversiones.

1 - ¿Para qué sirve la analítica web?
a) Comprobar el tráfico del sitio web y el comportamiento de los visitantes.
b) Seguimiento del éxito de las campañas de publicidad en internet .
c) Medir la eficacia de la optimización para motores de búsqueda (SEO).
d) Mejorar el diseño del sitio web y la experiencia del usuario.
e) Todas las anteriores.

2 - ¿Qué tipo de datos se recogen en la analítica web?
a) Datos demográficos
b) Datos sobre comportamiento
c) Datos tecnográficos
d) Todas las anteriores
e) Ninguna de las anteriores

3 - ¿Cuál es la diferencia principal entre el análisis de los registros del servidor y el etiquetado de páginas?
a) El análisis de registros del servidor se realiza en el servidor, mientras que el etiquetado de páginas se realiza en el dispositivo del usuario.
b) El análisis de registros del servidor rastrea los datos en bruto, mientras que el etiquetado de páginas rastrea información más detallada.
c) El etiquetado de páginas es más fiable que el análisis de registros del servidor.
d) El análisis de registros del servidor es más preciso que el etiquetado de páginas.
e) Ambos métodos proporcionan la misma información.

4 - ¿Para qué sirven las pruebas A/B en el análisis web?
a) Comparar dos versiones de un sitio web para determinar cuál es más

eficaz.

b) Supervisar el rendimiento del sitio web durante un periodo de tiempo determinado.

c) Seguimiento del éxito de las campañas de *marketing* en línea.

d) Medir la eficacia de la optimización para motores de búsqueda (SEO).

e) Ninguna de las anteriores.

5 - ¿Cuál es la ventaja principal de utilizar un modelo de atribución multicanal en analítica web?

a) Permite a los profesionales del *marketing* ver qué canales generan más conversiones.

b) Ayuda a ver qué canales están generando más tráfico.

c) Proporciona una imagen más completa del recorrido del cliente.

d) Permite a los profesionales del *marketing* realizar un seguimiento del éxito de las campañas de *marketing* en línea.

e) Todas las anteriores.

6 - ¿Para qué sirve un mapa de color en la analítica web?

a) Seguimiento del éxito de las campañas de marketing en línea.

b) Medir la eficacia de la optimización para motores de búsqueda (SEO).

c) Visualizar los clics, toques y patrones de desplazamiento de los usuarios en un sitio web.

d) Mejorar el diseño del sitio web y la experiencia del usuario.

e) Todas las anteriores.

7 - ¿Para qué sirve la tasa de rebote en la analítica web?

a) Seguimiento del éxito de las campañas de *marketing* en línea.

b) Hacer un seguimiento del número de visitantes del sitio web que lo abandonan inmediatamente después de llegar.

c) Medir la eficacia de la optimización para motores de búsqueda (SEO).

d) Mejorar el diseño del sitio web y la experiencia del usuario.

e) Todas las anteriores.

8 - ¿Cuál es el objetivo principal del seguimiento de objetivos en la analítica web?

a) Seguimiento del éxito de las campañas de *marketing* en línea.

b) Hacer un seguimiento del número de visitantes del sitio web que completan acciones específicas en el sitio.

c) Medir la eficacia de la optimización para motores de búsqueda (SEO).
d) Mejorar el diseño del sitio web y la experiencia del usuario.
e) Todas las anteriores.

9 - ¿Para qué sirve el seguimiento de eventos en la analítica web?
a) Seguimiento del éxito de las campañas de *marketing* en línea.
b) Hacer un seguimiento de interacciones específicas de los usuarios en el sitio, como clics, toques y desplazamientos.
c) Medir la eficacia de la optimización para motores de búsqueda (SEO).
d) Mejorar el diseño del sitio web y la experiencia del usuario.
e) Todas las anteriores.

10 - ¿Para qué sirven los informes personalizados en la analítica web?
a) Seguimiento del éxito de las campañas de *marketing* en línea.
b) Crear informes personalizados basados en conjuntos de datos específicos.
c) Medir la eficacia de la optimización para motores de búsqueda (SEO).
d) Mejorar el diseño del sitio web y la experiencia del usuario.
e) Todas las anteriores.

RESPUESTAS Y EXPLICACIONES

1 - e. Todas las anteriores.
La analítica web es una herramienta crucial para comprender cómo interactúan los usuarios con un sitio web, lo que permite tomar decisiones basadas en datos para mejorar el diseño del sitio web, aumentar la eficacia del marketing en línea y medir la efectividad de la optimización para motores de búsqueda (SEO).

2 - d. Todas las anteriores.
La analítica web captura datos sobre la demografía, el comportamiento y el uso de la tecnología por parte de los usuarios. Los datos pueden servirnos para entender mejor las preferencias de los usuarios, sus patrones de compra y mucha más información.

3 - a. El análisis de registro del servidor se realiza en el servidor, mientras que el etiquetado de páginas se realiza en el dispositivo del usuario.
El análisis de registro del servidor rastrea datos primarios sobre visitas e interacciones del sitio web que se almacenan en el servidor, mientras que el etiquetado de páginas emplea un código de seguimiento en cada página del sitio web para rastrear información más detallada sobre el comportamiento del usuario.

4 - a. Comparar dos versiones de un sitio web para determinar cuál es más eficaz.
Las pruebas A/B son un método que permite comparar dos versiones de un sitio web para ver cuál funciona mejor en términos de conversiones, comportamiento de los usuarios y otros parámetros.

5 - e. Todas las anteriores.
Un modelo de atribución multicanal permite a los profesionales del marketing ver el impacto de los diferentes canales de marketing en el recorrido del cliente y en las conversiones. Eso proporciona una imagen más completa de cómo los diferentes canales trabajan juntos para mejorar los resultados.

6 - c. Visualizar los clics, toques y patrones de desplazamiento de los usuarios en un sitio web.
Los mapas de color son un sistema de visualización que codifica la

información por colores y por la intensidad de estos colores para mostrar dónde hace clic el usuario, cómo se desplaza por el sitio web y en qué puntos se posa o hace toques. El nombre de *mapa de color* viene del inglés *heat map*, por eso también se conocen como *mapas de calor* y *mapas térmicos*). Proporcionan valiosa información sobre qué áreas del sitio web son las más populares y en cuáles se pueden realizar mejoras.

7 - b. Para controlar el número de visitantes del sitio web que lo abandonan inmediatamente después de llegar.
La tasa de rebote es el porcentaje de visitantes del sitio web que lo abandonan tras visitar una sola página y puede proporcionar información sobre la experiencia del usuario y la eficacia de las páginas de inicio.

8 - b. Hacer un seguimiento del número de visitantes del sitio web que completan acciones específicas en el sitio.
El seguimiento de objetivos permite a los propietarios de sitios web establecer objetivos específicos, como que se complete un formulario o se realice una compra, y así llevar a cabo un seguimiento del número de visitantes que completan estas acciones.

9 - b. Hacer un seguimiento de interacciones específicas de los usuarios en el sitio, como clics, toques y desplazamientos.
El seguimiento de eventos permite a los propietarios de sitios web hacer seguimientos específicos, como clics en botones o desplazamientos por páginas, y capturar datos sobre el comportamiento de los usuarios.

10 - b. Crear informes personalizados basados en conjuntos de datos específicos.
Los informes personalizados permiten a los propietarios de sitios web crear informes adaptados a sus necesidades específicas, proporcionando datos y sugerencias sobre aspectos concretos del sitio web y del comportamiento de los usuarios.

EJERCICIOS PRÁCTICOS

1 - Busca la definición de analítica web en internet.
El ejercicio se considera completo cuando hayas leído y entendido por lo menos tres definiciones de análisis de audiencias procedentes de distintas fuentes de información.

2 - ¿Cuál es la definición de tasa de rebote? Puedes buscar la definición en la web.
El ejercicio se considera completo cuando tengas una definición clara de qué es la tasa de rebote.

3 - Busca al menos tres soluciones de análisis web en internet y prueba una de ellas en la versión demo.
El ejercicio se considera completo cuando hayas encontrado tres soluciones y hayas probado por lo menos una de ellas.

4 - ¿De qué soluciones de análisis de datos cualitativos dispones ya en tu organización? Si no dispones de ninguna, di cuál es la razón.
El ejercicio se considera completo cuando hayas respondido a la pregunta.

6 - ¿Has probado ya alguna herramienta de análisis competitivo? Si la respuesta es afirmativa, ¿qué herramienta es? Si no, abre una cuenta de prueba en https://semrush.com.
El ejercicio se considera completo cuando hayas respondido a la pregunta o hayas probado la herramienta de https://semrush.com.

7 - Lee el texto en la página:
https://marketingplatform.google.com/about/analytics/terms/us/.
¿Qué partes te han llamado la atención y por qué?
El ejercicio se considera completo cuando hayas identificado por lo menos dos elementos importantes.

8 - Visita cualquier página web e intenta identificar las herramientas analíticas de la página. Si usas el navegador Google Chrome o Mozilla Firefox, haz clic con el *botón derecho* del ratón y, a continuación, *inspeccionar* y, por último, en la pestaña de *red*. También puedes emplear una extensión del navegador si es necesario.
El ejercicio se considera completo cuando hayas identificado por lo menos

una herramienta de análisis de audiencia instalada en el sitio web.

9 - Busca en internet la definición de sistema de gestión de bases de datos. En tu opinión, ¿cuál es el sistema de gestión de bases de datos usado por Matomo? ¿Cuáles son sus ventajas y desventajas en comparación con otros sistemas del mercado?
El ejercicio se considera completo cuando tengas algunas respuestas.

10 - Busca la definición de servidor en internet.
El ejercicio se considera completo cuando hayas leído por lo menos tres definiciones.

2 Matomo

Matomo es una plataforma de análisis web de *software* libre. Proporciona información detallada sobre el tráfico de un sitio web y el comportamiento de los usuarios. Ofrece una amplia gama de funciones, como análisis de datos en tiempo real, seguimiento de visitantes, informes personalizados y seguimiento de conversiones por objetivos. Matomo también ofrece sólidas funciones dirigidas a garantizar la privacidad, como protección de datos y anonimización de IP, por lo que es una opción que goza del favor de los propietarios de sitios web que dan prioridad a la seguridad y a la privacidad de los datos.

1 - ¿Para qué sirve Matomo Analytics?
a) Marketing
b) Comercio electrónico
c) Análisis del sitio web
d) Análisis de redes sociales
e) Marketing por correo electrónico

2 - ¿Es Matomo Analytics un *software* de código abierto?
a) Sí
b) No

3 - ¿Cuál es la ventaja principal de utilizar Matomo Analytics frente a otras herramientas de análisis?
a) Es gratuito.
b) Es de código abierto.
c) Proporciona plena propiedad de los datos.
d) Proporciona datos en tiempo real.
e) Todas las anteriores.

4 - ¿Puede Matomo Analytics rastrear datos de comercio electrónico?
a) Sí
b) No

5 - ¿Qué plataformas soporta Matomo Analytics?
a) Páginas web
b) Aplicaciones móviles

c) Ambas
d) Ninguna

6 - ¿Matomo Analytics ofrece análisis en tiempo real?
a) Sí
b) No

7 - ¿Qué tipo de datos puede rastrear Matomo Analytics?
a) Páginas vistas
b) Visitantes
c) Fuentes de tráfico
d) Todas las anteriores
e) Ninguna de las anteriores

8 - ¿Matomo Analytics puede integrarse con otras herramientas o plataformas?
a) Sí
b) No

9 - ¿Matomo Analytics cumple con las normativas del RGPD (Reglamento General de Protección de Datos)?
a) Sí
b) No

10 - ¿Matomo Analytics tiene funciones opcionales de pago?
a) Sí
b) No

RESPUESTAS Y EXPLICACIONES

1 - c. Análisis del sitio web.
Matomo es una plataforma de análisis web que proporciona información sobre el comportamiento de los visitantes de un sitio web.

2 - a. Sí.
Matomo es un *software* de código abierto. Eso significa que su código fuente es de dominio público y puede ser modificado y distribuido por cualquiera.

3 - c. Proporciona plena propiedad de los datos.
Una de las principales ventajas de utilizar Matomo es que te permite la propiedad y el control de tus datos, sin necesidad de compartirlos con terceros.

4 - a. Sí.
Matomo incorpora funciones de seguimiento del comercio electrónico, lo que permite controlar parámetros claves, como las ventas de productos y los ingresos.

5 - c. Ambas.
Matomo permite el seguimiento tanto de sitios web como de aplicaciones móviles.

6 - a. Sí.
Matomo proporciona análisis en tiempo real, lo que te permite ver datos actualizados y perspectivas a medida que se producen.

7 - d. Todas las anteriores.
Matomo puede realizar un seguimiento de las páginas vistas, de los visitantes y de las fuentes de tráfico, entre otros parámetros fundamentales.

8 - a. Sí.
Matomo ofrece una serie de integraciones con otras herramientas y plataformas. Eso amplía sus posibilidades de interacción y facilita el trabajo con otras tecnologías. Un ejemplo es la integración con Microsoft SharePoint.

9 - a. Sí

Matomo cumple con las normativas del RGPD (Reglamento General de Protección de Datos). Esto significa que cumple con los requisitos de privacidad y protección de datos establecidos por la Unión Europea.

10 - a. Sí

Matomo es un software libre. Por esta razón, sus desarrolladores tienen un modelo de negocio que permite poder seguir trabajando en el proyecto. Uno de ellos es el desarrollo de funcionalidades de pago, como Custom Reports, Roll-up y varias más.

EJERCICIOS PRÁCTICOS

1 - Busca la definición de Matomo en internet.
El ejercicio se considera completo cuando encuentres una definición en la que se menciona que Matomo es un *software* libre.

2 - Busca en internet las diferencias entre *software* libre, *software* de código abierto y *software* con propietario.
El ejercicio se considera completo cuando obtengas una tabla donde se comparan estas tres soluciones.

3 - ¿Cuáles son las cuatro libertades que definen un *software* libre?
El ejercicio se considera completo cuando hayas enumerado las 4 libertades.

4 - Busca información sobre el proyecto phpMyVisites en internet.
El ejercicio se considera completo cuando hayas obtenido información suficiente sobre este proyecto.

5 - Averigua quién es Richard Stallman a través de
https://es.wikipedia.org/wiki/Richard_Stallman
El ejercicio se considera completo cuando hayas leído el contenido de la página de Wikipedia.

6 - ¿Conoces las siglas RTFM? ¿Por qué crees que la expresión RTFM tiene sentido en una comunidad de software gratuito?
El ejercicio se considera completo cuando hayas comprendido la definición asociada a esas siglas.

7 - Enumera las 4 ventajas principales del *software* libre.
El ejercicio se considera completo cuando hayas enumerado los siguientes beneficios: técnicos, económicos, sociales y ecológicos.

8 - Prueba por lo menos uno de los competidores de *software* libre de Matomo. Puedes elegir entre Open Web Analytics, Countly, Plausible, Snow Plow.
El ejercicio se considera completo cuando hayas probado una de las soluciones mencionadas.

9 - Lee el texto oficial del RGPD (Reglamento General de Protección de Datos). El tiempo estimado son 4 horas. https://eur-lex.europa.eu/legal-content/ES/TXT/PDF/?uri=CELEX:32016R0679&qid=1676834768464&from=ES Si vives en un país fuera de la unión europea, lee los textos oficiales sobre las leyes de derechos de privacidad de California (California Privacy Rights Act o CPRA).
El ejercicio se considera completo cuando hayas leído el texto completo del RGPD o CPRA.

10 - Imagínate que todo el mundo supiera qué sitios visitas y qué aplicaciones de móvil usas. ¿Qué sitio o aplicación en particular no te gustaría que los demás supieran que utilizas? (No hace falta que respondas).
El ejercicio se considera completo cuando te hayas dado cuenta de que una solución de análisis de audiencia puede contener datos personales que deben protegerse.

11 - Según la AEPD (Agencia Española de Protección de Datos), se puede elegir como representante a cualquier otro país. ¿Qué países están reconocidos por la Unión Europea como países adecuados porque respetan la privacidad de las personas?
El ejercicio se considera completo cuando encuentres la respuesta en el sitio web de la AEPD o de cualquier otra agencia de protección de datos.

12 - Consulta la pestaña de los hitos de Matomo https://github.com/Matomo-org/Matomo/milestones
El ejercicio se considera completo cuando hayas visto los progresos para la próxima versión de Matomo.

13 - Consulta al menos un ticket de soporte en la página https://github.com/Matomo-org/Matomo/issues
El ejercicio se considera completo cuando hayas revisado por lo menos un ticket de soporte.

14 - Contribuye a un ticket de soporte en https://github.com/Matomo-org/Matomo/issues
El ejercicio se considera completo cuando hayas contribuido a un ticket de soporte.

15 - Contribuye con la traducción de una entrada en https://hosted.weblate.org/
El ejercicio se considera completo cuando hayas contribuido a traducir una entrada.

16 - Contribuye al foro de Matomo respondiendo a un usuario o creando tu propio post en https://forum.Matomo.org
El ejercicio se considera completo cuando hayas contribuido al foro (https://forum.Matomo.org).

3 Instalación

Matomo (antes conocida como Piwik) es una plataforma de análisis web de código abierto. Cuando hablamos de una instalación local de Matomo nos referimos al proceso de configurar y ejecutar el *software* en tu propio servidor o infraestructura local, en lugar de utilizar el servicio en la nube proporcionado por el equipo de Matomo. Esto te permite tener un control total sobre los datos y mantener la privacidad y la seguridad de la información recogida. El proceso de instalación consiste en los siguientes pasos. Primero descargar el *software*, a continuación, configurar una base de datos; después, cargar los archivos en un servidor web y, por último, ejecutar el asistente de configuración e integrar el código de seguimiento en tu sitio web.

1 - ¿Qué es una instalación local de Matomo?
a) Instalación de Matomo en un servidor de terceros.
b) Instalación de Matomo en un servidor local.
c) Instalación de Matomo en un servidor en la nube.
d) Instalación de Matomo utilizando un paquete preconfigurado.
e) Instalación de Matomo mediante un instalador de un solo clic

2 - ¿Cuáles son las principales razones para que alguien prefiera instalar Matomo en su propio servidor o infraestructura local?
a) Tener pleno control sobre sus datos.
b) Ahorrar costes de alojamiento.
c) Cumplir la normativa sobre protección de datos.
d) Agilizar el proceso de instalación.
e) Acceder a funciones más avanzadas.

3 - ¿Cuáles son los requisitos para poder instalar Matomo en tu propio servidor o infraestructura local?
a) Un servidor web con PHP y MySQL
b) Un servidor específico
c) Una cuenta de Amazon Web Services (AWS)
d) Una cuenta de Matomo
e) Una cuenta de alojamiento web con cPanel

4 - ¿Cómo se instala Matomo en el propio servidor o infraestructura local?

16

a) Se utiliza un instalador de un solo clic
b) Se utiliza un paquete preconfigurado
c) Manualmente, mediante una serie de pasos
d) Automáticamente, mediante un *script*
e) A través de un asistente de configuración en web

5 - ¿Cuáles son las ventajas de instalar Matomo en el propio servidor o infraestructura local?
a) Control total de los datos
b) Menores costes
c) Mayor privacidad de los datos
d) Proceso de configuración más rápido
e) Acceso a funciones más avanzadas

6 - ¿Qué tipo de servidor se recomienda para instalar Matomo en el propio servidor o infraestructura local?
a) Un servidor específico
b) Un servidor compartido
c) Un servidor en la nube
d) Un servidor virtual privado (VPS)
e) Un servidor local

7 - ¿Cuál es el proceso de actualización de Matomo en el propio servidor o infraestructura local?
a) Automáticamente, mediante un *script*.
b) Manualmente, mediante una serie de pasos.
c) A través de un asistente de actualización en web.
d) Descargando la última versión y sustituyendo la instalación actual.
e) A través de Matomo Marketplace.

8 - ¿Se puede personalizar Matomo si está instalado en tu propio servidor o infraestructura local?
a) Sí, mediante el uso de *plugins* y temas.
b) No, no es personalizable.
c) Sólo con conocimientos técnicos avanzados.
d) Sólo mediante el uso de funciones prémium de pago.
e) Sólo mediante el uso de servicios de pago de desarrollo personalizado.

9 - ¿Qué clase de soporte ofrece Matomo si está instalado en el propio servidor o infraestructura local?
a) Soporte comunitario, a través de foros y recursos
b) Soporte remunerado de Matomo
c) No dispone de soporte
d) Soporte de los proveedores de alojamiento
e) Soporte de consultores externos

10 - ¿Se puede integrar Matomo en el propio servidor o infraestructura local con otras herramientas y servicios?
a) Sí, mediante el uso de *plugins* y API.
b) No, no se puede integrar.
c) Sólo si se tienen conocimientos técnicos avanzados.
d) Sólo mediante el uso de funciones prémium de pago.
e) Sólo mediante el uso de servicios de pago de desarrollo personalizado.

RESPUESTAS Y EXPLICACIONES

1 - b. Instalación de Matomo en un servidor local.
La respuesta correcta aquí es debatible. La instalación local de Matomo se refiere *principalmente* a la instalación de Matomo en un servidor local, en lugar de en un servidor de terceros o en la nube. Esto permite a los usuarios tener un control total sobre sus datos y cumplir con la normativa de protección de datos.

2 - a. Tener pleno control sobre sus datos; b. Ahorrar en costes de alojamiento; c. Cumplir la normativa de protección de datos.

Instalar Matomo en el propio servidor o infraestructura local ofrece varias ventajas, en comparación con la versión alojada en la nube. La razón principal por la que alguien puede optar por instalar Matomo en el propio servidor o infraestructura local es para tener un control total sobre sus datos y asegurarse de que se almacenan y gestionan de forma segura dentro de su propia infraestructura. Esto puede ser especialmente importante para las organizaciones que necesitan cumplir con estrictas regulaciones de privacidad de datos.

Los costes de alojamiento pueden ser más bajos con una instalación local, aunque no siempre es así, ya que depende de las ventajas que ofrezca la plataforma en la nube (funciones prémium, por ejemplo).

Además, instalar Matomo en el propio servidor o infraestructura local también puede proporcionar un mayor control sobre el rendimiento y la escalabilidad de la plataforma, así como la posibilidad de integrarla con otros sistemas y herramientas internas.

3 - a. Un servidor web con PHP y MySQL.
Matomo, al ser una plataforma analítica en web, requiere un servidor web para su funcionamiento. Los requisitos mínimos para instalar Matomo en el propio servidor o infraestructura local son un servidor web con PHP (versión 7.1 o superior) y MySQL (versión 5.5 o superior) como sistema de gestión de bases de datos.
Un servidor específico o una cuenta de Amazon Web Services (AWS) pueden proporcionar recursos adicionales, pero no son necesarios para instalar Matomo en el propio servidor o infraestructura local. Una cuenta

de Matomo sólo es necesaria para acceder a la versión alojada en la nube de Matomo y no a la instalación local. Se puede utilizar una cuenta de alojamiento web con cPanel para gestionar el servidor web, pero no es un requisito para poder instalar Matomo en el propio servidor o infraestructura local.

4 - c. Manualmente, a través de una serie de pasos.

La instalación de Matomo en el propio servidor o infraestructura local requiere una configuración e instalación manual, que puede implicar la descarga del *software* y seguir una serie de pasos para configurarlo en un servidor. Esto puede incluir la instalación de PHP, MySQL y otras dependencias, así como la configuración del servidor web y la creación de una base de datos específica para Matomo.

5 - a. Control total sobre los datos.

Al instalar Matomo en el propio servidor o infraestructura local, las organizaciones tienen un control total sobre sus datos, incluyendo dónde se almacenan, cómo se gestionan y quién tiene acceso a ellos. Esto puede proporcionar una mayor sensación de seguridad y privacidad para informaciones sensibles.

c. Mayor privacidad de los datos.

Instalar Matomo en el propio servidor o infraestructura local también puede ayudar a las organizaciones a cumplir con las normativas de privacidad de datos, como el Reglamento General de Protección de Datos (RGPD), al mantener los datos dentro de su propia infraestructura.

6 - a. Un servidor específico.

Un servidor específico proporciona los recursos y el rendimiento necesario para ejecutar Matomo en el propio servidor o infraestructura local y puede garantizar que el *software* disponga de los recursos que necesita para funcionar sin problemas.

d. Un servidor virtual privado (VPS).

Un servidor virtual privado (VPS) es una opción rentable para aquellas organizaciones que necesitan un entorno específico para ejecutar Matomo, pero quieren evitar el gasto que supone un servidor físico específico.

e) Un servidor local.

Para organizaciones más pequeñas o con recursos informáticos limitados, un servidor local, como un ordenador de sobremesa, puede ser una opción adecuada para ejecutar Matomo en el propio servidor o infraestructura local.

7 - b. Manualmente, a través de una serie de pasos.
La actualización de Matomo en el propio servidor o infraestructura local requiere una intervención manual, que normalmente conlleva descargar la última versión del *software*, hacer una copia de seguridad de los datos y configuraciones existentes, y seguir una serie de pasos para instalar la actualización.

8 - a. Sí, mediante el uso de *plugins* y temas.
Se puede personalizar y ampliar Matomo, si está instalado en el propio servidor o infraestructura local, mediante el uso de *plugins* y temas. Los *plugins* pueden añadir nuevas funcionalidades e integraciones, mientras que los temas pueden utilizarse para cambiar el aspecto del *software*.

9 - a. Soporte comunitario, a través de foros y recursos.
Matomo ofrece una gran comunidad de usuarios que proporcionan soporte y recursos a través de foros y espacios de debate.
b. Soporte de pago de Matomo.
Matomo también ofrece opciones de soporte de pago para los usuarios que requieran una asistencia más personalizada.
d. Soporte de proveedores de *hosting*.
Los proveedores de *hosting* pueden ofrecer algún nivel de soporte para Matomo, pero no está garantizado y puede variar dependiendo del proveedor.
e. Soporte de consultores externos.
Los consultores externos pueden proporcionar soporte y servicios de personalización para Matomo, pero estos servicios no suelen ser proporcionados por la propia Matomo.

10 - a. Sí, mediante el uso de *plugins* y APIs.
Matomo puede integrarse con otras herramientas y servicios mediante el uso de *plugins* y APIs, lo que permite a los usuarios conectar sus datos y plataformas sin problemas.

EJERCICIOS PRÁCTICOS

1 - Crea una cuenta de prueba en matomo.cloud e intenta configurarlo en uno de tus sitios.
El ejercicio se considera completo cuando hayas conseguido registrar por lo menos una visita en tu cuenta de Matomo.

2 -. Si estás usando WordPress en tu sitio web, intenta instalar el *plugin* oficial de Matomo para rastrear las visitas (User ID Tracking).
El ejercicio se considera completo cuando hayas conseguido registrar al menos una visita en el *plugin* de Matomo.

3 - Intenta instalar Matomo en un servidor local.
El ejercicio se considera completo cuando hayas conseguido instalar Matomo y registrar al menos una visita.

4 - Basándote en la información comercial de la empresa de alojamiento que elijas, intenta estimar el coste de alojamiento y procesamiento de datos para una web que utilice Matomo y que reciba 5 millones de visitas al mes.
El ejercicio se considera completo cuando tengas dicha estimación.

5 - Busca información en internet para averiguar cuáles son los componentes físicos de *hardware* de un servidor y cuál es la función de cada uno de ellos.
El ejercicio se considerará completo cuando tengas una comprensión clara de al menos 5 elementos.

6 - Consulta el archivo de configuración: https://github.com/Matomo-org/Matomo/blob/4.x-dev/config/global.ini.php

El ejercicio se considera completo cuando hayas leído este archivo y hayas encontrado alguna o varias partes que te hayan interesado.

4 Configuración

Cuando hablamos de configurar Matomo nos referimos al proceso de ajustar varias opciones dentro de la plataforma para personalizar su comportamiento y satisfacer necesidades específicas. Hay varias áreas clave a tener en cuenta cuando configuramos las opciones de seguridad, privacidad y medición para análisis de sitios web de Matomo:

- seguridad
- privacidad
- configuración del sitio web

1 - ¿Cuál es la razón principal para configurar la seguridad de Matomo?
a) Proteger contra la piratería informática y el robo de datos.
b) Mejorar el rendimiento del sitio web.
c) Garantizar el cumplimiento de la normativa.
d) Optimizar el tamaño de la base de datos.
e) Aumentar la velocidad del sitio web.

2 - ¿Cómo se puede proteger la base de datos de Matomo?
a) Utilizando contraseñas seguras.
b) Utilizando conexiones cifradas.
c) Utilizando un cortafuegos para bases de datos.
d) Mediante una copia de seguridad de la base de datos.
e) Utilizando todo lo anterior.

3 - ¿Cuál es la importancia de asegurar el servidor de Matomo?
a) Impedir el acceso no autorizado.
b) Evitar la pérdida de datos.
c) Garantizar la confidencialidad de los datos.
d) Evitar caídas del servidor.
e) Garantizar el cumplimiento de la normativa.

4 - ¿Cómo se pueden controlar los registros de acceso de Matomo?
a) Utilizando una herramienta de análisis de registros.
b) Utilizando un *script* desde el servidor.
c) Utilizando un servicio de terceros.

d) Revisando manualmente los registros.

e) Utilizando todo lo anterior.

5 - ¿Cómo puede revisarse regularmente la seguridad de Matomo?

a) Utilizando un escáner de puntos débiles.

b) Realizando auditorías de seguridad periódicas.

c) Actualizando a la última versión.

d) Utilizando un cortafuegos de aplicaciones web.

e) Utilizando todo lo anterior.

6 - ¿Por qué es importante la confidencialidad al utilizar Matomo?

a) Para cumplir la normativa de protección de datos.

b) Para proteger los datos personales.

c) Para mantener la confianza de quienes visitan el sitio web.

d) Para evitar sanciones legales.

e) Todas las anteriores.

7 -¿Cómo puede configurarse Matomo para garantizar la confidencialidad?

a) Anonimizando las direcciones IP.

b) Utilizando un proveedor de alojamiento que respete la confidencialidad.

c) Utilizando sistemas de cifrado para la transferencia de datos.

d) Limitando la conservación de datos.

e) Anonimizando el usuario.

8 - ¿Para qué sirve la función "*Do Not Track*" de Matomo?

a) Permitir a los usuarios excluirse del seguimiento.

b) Cumplir la normativa de protección de datos.

c) Mejorar el rendimiento del sitio web.

d) Aumentar la participación de los usuarios.

e) Comprender mejor el comportamiento de los usuarios.

9 - ¿Cómo puede garantizarse la protección de datos en Matomo?

a) Haciendo copias de seguridad periódicas.

b) Utilizando el cifrado para el almacenamiento de datos.

c) Utilizando una conexión segura (SSL/TLS).

d) Restringiendo el acceso a los datos.

e) Utilizando Matomo Tag Manager.

10 - ¿Para qué sirven las políticas de privacidad en Matomo?
a) Informar a los usuarios sobre la recogida y uso de datos.
b) Cumplir la normativa de protección de datos.
c) Aumentar la transparencia y la confianza.
d) Reducir la responsabilidad legal.
e) Todas las anteriores.

11 - ¿Para qué sirve configurar un sitio web en Matomo?
a) Rastrear el tráfico del sitio web y el comportamiento de los usuarios.
b) Mejorar el rendimiento del sitio web.
c) Aumentar la participación de los usuarios.
d) Obtener información para la optimización de sitios web.
e) Todas las anteriores.

12 - ¿Cuál es el primer paso sugerido por Matomo para configurar un sitio web en él?
a) Añadir el código de seguimiento de Matomo al sitio web.
b) Crear un nuevo sitio web en Matomo.
c) Configuración del sitio web en Matomo.
d) Establecer objetivos en Matomo.
e) Instalación de los *plugins* de Matomo.

13 - ¿Para qué sirve la creación de objetivos en Matomo para un sitio web?
a) Realizar un seguimiento de los principales eventos de conversión en el sitio web.
b) Medir el rendimiento del sitio web.
c) Mejorar la experiencia del usuario del sitio web.
d) Obtener información sobre la optimización de sitios web.
e) Todas las anteriores.

14 - ¿Cuál es la importancia de configurar los ajustes del sitio web en Matomo?
a) Para personalizar los parámetros de seguimiento del sitio web.
b) Mejorar la exactitud de los datos.
c) Cumplir la normativa de protección de datos.
d) Reducir el tiempo de carga del sitio web.

e) Todas las anteriores.

15 - ¿Cuáles son los ajustes más comunes que se pueden configurar en Matomo?
a) Ubicación del código de seguimiento.
b) Evitar el seguimiento por parte de direcciones IP o usuarios específicos.
c) Configurar los parámetros de seguimiento del sitio web en los motores de búsqueda.
d) Definir los objetivos del sitio web.
e) Todas las anteriores.

RESPUESTAS Y EXPLICACIONES

1 - a. La principal razón para configurar Matomo para la seguridad es la protección contra la piratería y el robo de datos, garantizando que la información confidencial se mantenga a salvo.
Aquí podría ser interesante considerar otra respuesta, como la que se refiere a la normativa sobre protección de datos.

2 - e. La base de datos de Matomo puede protegerse utilizando contraseñas seguras, conexiones cifradas y un cortafuegos para bases de datos, así como mediante copias de seguridad periódicas de la base de datos.

3 - a, b y c. Proteger el servidor en Matomo es importante para evitar el acceso no autorizado al mismo y la pérdida de datos, así como para garantizar la confidencialidad de los datos y el cumplimiento de la normativa a este respecto.

4 - e. Los registros de acceso en Matomo pueden ser monitorizados utilizando una herramienta de análisis de registros, un *script* desde el servidor o un servicio de terceros, así como revisando manualmente los registros.

5 - e. La seguridad en Matomo puede revisarse regularmente empleando un escáner de puntos débiles, realizando auditorías de seguridad periódicas, actualizando a la última versión y utilizando un cortafuegos de aplicaciones web.

6 - e. La privacidad es crucial en el uso de Matomo para cumplir la normativa de protección de datos, proteger los datos personales, mantener la confianza de los visitantes del sitio web y evitar sanciones legales.

7 - a, b, c y d. Matomo puede configurarse para proteger la privacidad anonimizando las direcciones IP, utilizando un proveedor de alojamiento que proteja la privacidad, encriptando la transferencia de datos y limitando su retención.

8 - a. El propósito de la función "Do Not Track" de Matomo es permitir a los usuarios optar por no ser rastreados y respetar sus preferencias de privacidad.

9 - a, b, c, d. La protección de los datos en Matomo puede garantizarse realizando copias de seguridad periódicas, utilizando la encriptación para el almacenamiento de datos, utilizando una conexión segura (SSL/TLS) y restringiendo el acceso a los datos.

10 - e. Las políticas de privacidad de Matomo sirven para informar a los usuarios sobre la recogida y uso de datos, cumplir con la normativa de protección de datos, aumentar la transparencia y la confianza y reducir la responsabilidad legal.

11 - e. El propósito de configurar un sitio web en Matomo es rastrear el tráfico del sitio web y el comportamiento del usuario, mejorar el rendimiento del sitio web, aumentar el compromiso del usuario y obtener información sobre la optimización del sitio web.

12 - a. El primer paso para configurar un sitio web en Matomo es añadir el código de seguimiento de Matomo al sitio web, lo que permite a Matomo rastrear a los visitantes y su comportamiento en el sitio web. Ten en cuenta que esto no significa que sea lo correcto (probablemente prefieras configurar primero Matomo).

13 - e. El propósito de crear objetivos en Matomo para un sitio web es realizar un seguimiento de los eventos claves de conversión en el sitio web, medir el rendimiento del sitio web, mejorar la experiencia del usuario del sitio web y obtener información sobre la optimización del sitio

web.

14 - e. Configurar los ajustes del sitio web en Matomo es importante para personalizar el comportamiento de seguimiento del sitio web, mejorar la precisión de los datos, cumplir la normativa de protección de datos y reducir el tiempo de carga del sitio web.

15 - e. Algunos de los ajustes comunes a todos los sitios web que pueden configurarse en Matomo incluyen la colocación de un código de seguimiento, la posibilidad de exclusión del seguimiento de direcciones IP o agentes de usuario específicos, la configuración del seguimiento del motor de búsqueda del sitio web y la definición de los objetivos del sitio web.

EJERCICIOS PRÁCTICOS

1 - Revisa la siguiente lista para comprobar la seguridad https://Matomo.org/faq/on-premise/how-to-configure-Matomo-for-security/ e intenta aplicarla a una web donde utilices Matomo.
El ejercicio se considera completo cuando hayas establecido al menos una recomendación.

2 - Dentro de una web donde utilices Matomo, haz clic en *Admin → Privacidad → Visión general del RGPD*. A continuación, aplica los dos derechos siguientes en tu sitio web: *derecho de información* y *derecho de oposición*.
El ejercicio se considera completo cuando hayas establecido esas dos recomendaciones.

3 - Dentro de tu una web en la que utilices Matomo, haz clic en *Admin → Medibles → Gestionar*. A continuación, elige el sitio web que quieras, revisa los ajustes y configúralos de acuerdo con tus necesidades.
El ejercicio se considera completo cuando hayas configurado uno de tus sitios web.

5 Recogida de datos

La recogida de datos en Matomo se refiere al proceso de recolección y almacenamiento de información sobre los visitantes de un sitio web y sus interacciones con dicho sitio web. Esto se puede lograr a través de diferentes métodos de recopilación de datos.

1 - ¿Cuál es el método principal de recogida de datos en Matomo?
a) Utilización del código de seguimiento de Matomo en un sitio web.
b) Integración con plataformas de terceros.
c) Importación de datos de otras herramientas de análisis.
d) Introducción manual de datos en Matomo.
e) Todas las anteriores.

2 - ¿Puede integrarse Matomo con plataformas de terceros para recopilar datos?
a) Sí
b) No

3 - ¿Se pueden importar datos a Matomo desde otras herramientas de análisis?
a) Sí
b) No

4 - ¿Para qué sirve introducir datos manualmente en Matomo?
a) Complementar los datos recogidos por otros métodos.
b) Corregir datos inexactos.
c) Añadir datos históricos.
d) Todas las anteriores.

5 - ¿Puede rastrear Matomo el comportamiento de los visitantes en múltiples dispositivos?
a) Sí
b) No

6 - ¿Puede rastrear Matomo el comportamiento de los usuarios en los correos electrónicos utilizando el método de rastreo de imágenes?
a) Sí

b) No

7 - ¿Puede Matomo recoger datos a través de aplicaciones móviles utilizando SDK Matomo Mobile?
a) Sí
b) No

8 - ¿Se puede gestionar el código de seguimiento de Google Analytics a través de Matomo Tag Manager?
a) Sí
b) No

9 - ¿Pueden importarse los archivos de registro a Matomo para su posterior análisis?
a) Sí
b) No

10 - ¿Matomo soporta el análisis de archivos de registro en tiempo real?
a) Sí
b) No

RESPUESTAS Y EXPLICACIONES

1 - a. El método principal de recogida de datos en Matomo es el uso del código de seguimiento de Matomo en un sitio web, el cual rastrea el comportamiento del visitante y su uso del sitio web. La mayoría de las veces esto se hace mediante el código de seguimiento de JavaScript de Matomo Tag Manager, aunque a veces también podemos ver el rastreador JavaScript puro.

2 - a. Matomo puede integrarse con plataformas de terceros (como plataformas de comercio electrónico) para recopilar datos y proporcionar una visión más completa del rendimiento del sitio web y del comportamiento de los usuarios. De hecho, siempre que puedas integrar y exportar algo, podrás enviar datos a Matomo.

3 - a. Se pueden importar datos a Matomo desde otras herramientas de análisis, como Google Analytics, para proporcionar una visión más completa del rendimiento del sitio web y del comportamiento de los usuarios. Una forma de identificar esas posibilidades es auditar el *script* de registro de importación, ya que te permite adaptarlo como desees.

4 - d. El objetivo de la introducción manual de datos en Matomo es complementar los datos recogidos a través de otros métodos, corregir las inexactitudes de los datos y añadir datos históricos.

5 - a. Matomo puede rastrear el comportamiento de los visitantes en múltiples dispositivos, como ordenadores de sobremesa, portátiles y dispositivos móviles, para así proporcionar una visión completa del uso del sitio web y del comportamiento de los usuarios.

6 - a. Matomo puede rastrear el comportamiento del usuario en los correos electrónicos utilizando el método de seguimiento de imágenes, que recopila datos mediante un pequeño archivo de imagen, en lugar de un código JavaScript. Ten en cuenta que no es 100% preciso, ya que algunos proveedores de correo electrónico abren los correos de todos modos, con lo que se están enviando datos tan pronto como los correos llegan a la bandeja de entrada. Así pues, probablemente sean más fiables los clics.

7 - a. Bueno, aquí la respuesta está contenida en la pregunta misma. En efecto, Matomo puede recopilar datos a través de aplicaciones móviles utilizando el SDK Matomo Mobile, que permite rastrear el comportamiento del usuario en aplicaciones móviles.

8 - a. Por definición, un gestor de etiquetas es *agnóstico*, por lo que el código de seguimiento de Google Analytics puede ser gestionado a través del Matomo Tag Manager, aunque se trate de un producto de la competencia.

9 - a. Se pueden importar archivos de registro a Matomo para su análisis, proporcionando una visión más completa del rendimiento del sitio web y del comportamiento de los usuarios. De hecho, se puede importar cualquier tipo de datos analíticos siempre que se disponga de la información mínima (por ejemplo, dirección IP, fecha, etc.).

10 - a y b. En realidad la respuesta depende de lo que se entienda por *tiempo real*. Técnicamente, es posible importarlo cada 5 minutos, que es aproximadamente lo que se podría considerar tiempo real. Hacerlo más rápido no valdría la pena, porque supone someter el servidor a demasiado esfuerzo para lograr un beneficio que carece de interés práctico.

EJERCICIOS PRÁCTICOS

Para realizar los ejercicios prácticos, haz clic en *Admin* y, a continuación, en *Medibles → Código de seguimiento* para ver las distintas instrucciones:

1 - Implementa el código de seguimiento de JavaScript de Matomo en una de las páginas de un sitio web.
El ejercicio se considera completo cuando puedas ver tu propia visita en el registro de visitas.

2 - Implementa el contenedor de Matomo Tag Manager en una de las páginas de tu sitio web con al menos una etiqueta de vista de página.
El ejercicio se considera completo cuando puedas ver tu propia visita en el informe de visitas de registro.

3 - Implementa el código de seguimiento de HTML dentro de un correo electrónico. El código de seguimiento debe ser capaz de medir que el correo electrónico ha sido abierto gracias a un evento.
El ejercicio se considera completo cuando puedas ver tu evento en Matomo.

4 - Implementa un archivo de registro dentro de un sitio web de prueba de Matomo.
El ejercicio se considera completo cuando puedas ver tus registros en Matomo.

5 - Implementa el Android Mobile SDK dentro de un proyecto de Android Studio.
El ejercicio se considera completo cuando puedas ver tu visita dentro de Matomo.

6 El gestor de etiquetas de Matomo

Matomo Tag Manager es una potente herramienta que ayuda a las organizaciones a gestionar e implementar etiquetas de marketing y análisis en sus sitios web. Con Matomo Tag Manager, los usuarios pueden añadir, modificar y eliminar etiquetas sin necesidad de cambiar el código. Esto permite a las organizaciones actualizar su configuración de seguimiento de una manera rápida y fácil, con ahorro de tiempo y recursos. Matomo Tag Manager se integra perfectamente con Matomo Analytics y ofrece una excelente solución para la gestión unificada de etiquetas y análisis digital. Con su interfaz fácil de usar y características avanzadas, Matomo Tag Manager es la solución perfecta para las organizaciones que buscan agilizar su proceso de gestión de etiquetas y obtener el máximo rendimiento de los datos que reciben.

1 - ¿Cuál es el objetivo principal de Matomo Tag Manager?
a) Rastrear el comportamiento de los visitantes del sitio web.
b) Gestionar y utilizar etiquetas de marketing.
c) Almacenar datos del sitio web.
d) Proporcionar análisis del sitio web.
e) Optimizar el tiempo de carga del sitio web.

2 - ¿Qué tipo de etiquetas se pueden gestionar con Matomo Tag Manager?
a) Etiquetas analíticas
b) Etiquetas publicitarias
c) Etiquetas de conversión
d) Todas las anteriores
e) Ninguna de las anteriores

3 - ¿Cuál es la ventaja de utilizar Matomo Tag Manager en comparación con el etiquetado manual?
a) Ahorra tiempo.
b) Reduce los errores humanos.
c) Mejora el rendimiento del sitio web.
d) Todas las anteriores.
e) Ninguna de las anteriores.

4 - ¿Qué tipo de datos se pueden recopilar con Matomo Tag Manager?
a) Datos de uso del sitio web
b) Datos de los clientes
c) Datos de conversión
d) Todas las anteriores
e) Ninguna de las anteriores

5 - ¿Se puede utilizar Matomo Tag Manager para rastrear varios sitios web?
a) Sí
b) No

6 - ¿Se puede utilizar Matomo Tag Manager para activar acciones específicas basadas en el comportamiento del usuario?
a) Sí
b) No

7 - ¿Matomo Tag Manager es gratuito?
a) Sí
b) No

8 - ¿Puede integrarse Matomo Tag Manager con otras herramientas de marketing, como Google Ads?
a) Sí
b) No

9 - ¿Se necesitan conocimientos técnicos para utilizar Matomo Tag Manager?
a) No
b) Sí

10 - ¿Se puede utilizar Matomo Tag Manager para rastrear transacciones de comercio electrónico?
a) Sí
b) No

11 - ¿Para qué sirve la capa de datos en Matomo Tag Manager?
a) Almacenar datos del sitio web
b) Gestionar y utilizar etiquetas de marketing

c) Para rastrear el comportamiento de los visitantes del sitio web
d) Proporcionar análisis del sitio web
e) Optimizar el tiempo de carga del sitio web

12 - ¿Qué tipo de datos se pueden almacenar en la capa de datos de Matomo Tag Manager?
a) Datos de uso del sitio web
b) Datos de los clientes
c) Datos de conversión
d) Todas las anteriores
e) Ninguna de las anteriores

13 - ¿Cómo accede Matomo Tag Manager a los datos de la capa de datos?
a) Mediante un código de JavaScript
b) A través de una API
c) A través de un *plugin*
d) Todas las anteriores
e) Ninguna de las anteriores

14 - ¿Se pueden pasar los datos de la capa de datos a herramientas de marketing de terceros, como Google Ads?
a) Sí
b) No

15 -¿Se pueden actualizar dinámicamente los datos de la capa de datos?
a) Sí
b) No

16 - ¿Qué estructura tienen los datos en la capa de datos?
a) Plana
b) Anidada
c) Ambas
d) Ninguna de las anteriores

17 - ¿Cómo puede implementarse la capa de datos en un sitio web?
a) Añadiendo un fragmento de código JavaScript
b) Instalando un *plugin*
c) Modificando el código fuente del sitio web
d) Todas las anteriores

e) Ninguna de las anteriores

18 - ¿Cuál es la diferencia entre la capa de datos y las variables de capa de datos en Matomo Tag Manager?
a) La capa de datos almacena datos, mientras que las variables de la capa de datos almacenan porciones de datos específicas.
b) La capa de datos almacena el código del sitio web, mientras que las variables de la capa de datos almacenan los datos del sitio web.
c) La capa de datos almacena los análisis del sitio web, mientras que las variables de la capa de datos almacenan los datos de uso del sitio web.
d) La capa de datos almacena los datos de uso del sitio web, mientras que las variables de la capa de datos almacenan los análisis del sitio web.

19 - ¿Cuál de las siguientes es un ejemplo de una variable de capa de datos en Matomo Tag Manager?
a) Page Title
b) Page URL
c) ID de usuario
d) Todas las anteriores
e) Ninguna de las anteriores

20 - ¿Se pueden utilizar los datos de la capa de datos para activar acciones específicas en Matomo Tag Manager?
a) Sí
b) No

21 - ¿Para qué sirven las etiquetas en Matomo Tag Manager?
a) Rastrear el comportamiento de los visitantes del sitio web.
b) Implantar y gestionar etiquetas de *marketing* y análisis.
c) Proporcionar análisis del sitio web.
d) Optimizar el tiempo de carga del sitio web.
e) Almacenar datos del sitio web.

22 - ¿Qué tipo de etiquetas se pueden gestionar en Matomo Tag Manager?
a) Etiquetas analíticas
b) Etiquetas de marketing
c) Etiquetas de seguimiento
d) Todas las anteriores

e) Ninguna de las anteriores

23 - ¿Cómo se pueden implementar, las etiquetas en un sitio web utilizando Matomo Tag Manager?
a) Añadiendo un fragmento de código JavaScript.
b) Instalando un *plugin*.
c) Utilizando la interfaz de usuario de Matomo Tag Manager.
d) Todas las anteriores.
e) Ninguna de las anteriores.

24 - ¿Se pueden probar las etiquetas en Matomo Tag Manager antes de usarlas en un sitio web?
a) Sí
b) No

25 - ¿Pueden actualizarse dinámicamente las etiquetas de Matomo Tag Manager en función de determinadas condiciones?
a) Sí
b) No

26 - ¿Cuál es la diferencia entre una etiqueta y un activador en Matomo Tag Manager?
a) Una etiqueta es un código analítico o de *marketing*, mientras que un activador es un evento que activa una etiqueta.
b) Una etiqueta es un activador, mientras que un activador es un código analítico o de *marketing*.
c) Una etiqueta es un evento, mientras que un activador es un código de *marketing*.
d) Una etiqueta es un código de *marketing*, mientras que un activador es un evento.

27 - ¿Cuál de los siguientes es un ejemplo de activador en Matomo Tag Manager?
a) Envío de formularios
b) Vista de página
c) Un clic en un enlace específico
d) Todas las anteriores
e) Ninguna de las anteriores

28 - ¿Puede un único activador en Matomo Tag Manager activar varias etiquetas?
a) Sí
b) No

29 - ¿Se pueden crear etiquetas personalizadas en Matomo Tag Manager?
a) Sí
b) No

30 - ¿Para qué sirven las plantillas de etiquetas en Matomo Tag Manager?
a) Proporcionar una etiqueta prefabricada y personalizable para una herramienta específica de *marketing* o análisis.
b) Gestionar e instalar el código del sitio web.
c) Para rastrear el comportamiento de los visitantes del sitio web.
d) Proporcionar análisis del sitio web.
e) Optimizar el tiempo de carga del sitio web.

31 - ¿Cuál es el propósito principal de los activadores en Matomo Tag Manager?
a) Almacenar datos del sitio web.
b) Proporcionar análisis del sitio web.
c) Implantar y gestionar etiquetas de marketing y análisis.
d) Activar etiquetas en función de eventos específicos.
e) Optimizar el tiempo de carga del sitio web.

32 - ¿Qué tipo de activadores se pueden crear en Matomo Tag Manager?
a) Activadores de vista de página
b) Activadores de envío de formularios
c) Activadores de clics
d) Activadores personalizados
e) Todas las anteriores

33 - ¿Es posible cambiar el nombre de un activador en Matomo Tag Manager?
a) Sí
b) No

34 - ¿Se pueden utilizar activadores en Matomo Tag Manager para activar etiquetas basadas en el comportamiento específico del usuario?

a) Sí

b) No

35 - ¿Cuál es la diferencia entre un activador y una etiqueta en Matomo Tag Manager?

a) Un activador es un evento que activa una etiqueta, mientras que una etiqueta es un código de análisis o de marketing.

b) Un activador es un código analítico o de marketing, mientras que una etiqueta es un evento.

36 - ¿Cuál es la sintaxis para crear un activador personalizado en Matomo Tag Manager utilizando la capa de datos?

a) {{dataLayer.event}}

b) {{evento}}

c) {{DL.event}}

d) {{DL.Event}}

37 - ¿Se pueden utilizar activadores en Matomo Tag Manager para activar etiquetas basadas en valores específicos de la capa de datos?

a) Sí

b) No

38 - ¿Se pueden utilizar activadores en Matomo Tag Manager para activar etiquetas basadas en patrones de URL específicos?

a) Sí

b) No

39 - ¿Se pueden utilizar activadores en Matomo Tag Manager para activar etiquetas basadas en acciones específicas del usuario, como clics o envíos de formularios?

a) Sí

b) No

40 - ¿Cómo se puede comprobar que los activadores de Matomo Tag Manager funcionan correctamente antes de utilizarlos en un sitio web?

a) Utilizando la interfaz de usuario de administración de Matomo Tag Manager.

b) Añadiendo un fragmento de código JavaScript.

c) Instalando un *plugin*.

d) Probándolo en un sitio web real.

e) Todas las anteriores.

41 - ¿Para qué sirven las variables en Matomo Tag Manager?

a) Almacenar datos del sitio web.

b) Implantar y gestionar etiquetas de *marketing* y análisis.

c) Seguir el comportamiento de los usuarios.

d) Proporcionar valores dinámicos para etiquetas y activadores.

e) Optimizar el tiempo de carga del sitio web.

42 - ¿Qué tipo de variables se pueden crear en Matomo Tag Manager?

a) Variables constantes

b) Tablas de consulta

c) Variables de la capa de datos

d) Variables de URL

e) Todas las anteriores

43 - ¿Cuál es la diferencia entre una variable constante y una variable de capa de datos en Matomo Tag Manager?

a) Una variable constante tiene un valor fijo, mientras que una variable de capa de datos tiene un valor dinámico.

b) Una variable constante tiene un valor dinámico, mientras que una variable de capa de datos tiene un valor fijo.

c) Una variable constante y una variable de capa de datos son lo mismo.

44 - ¿Una única variable en Matomo Tag Manager puede tener diversos valores?

a) Sí

b) No

45 - ¿Cómo se puede utilizar en una etiqueta o en un activador una variable en Matomo Tag Manager?

a) Utilizando el nombre de la variable precedido de {{}}

b) Utilizando el nombre de la variable precedido de $$

c) Utilizando el nombre de la variable precedido de []

d) Utilizando el nombre de la variable precedido de {}

46 - ¿Se pueden utilizar variables en Matomo Tag Manager para transmitir datos de un sitio web a una etiqueta?

a) Sí
b) No

47 - ¿Se pueden utilizar variables en Matomo Tag Manager para actualizar dinámicamente el valor de una etiqueta en función del comportamiento del usuario?
a) Sí
b) No

48 - ¿Se pueden usar variables en Matomo Tag Manager para actualizar dinámicamente el valor de un activador y adaptarlo al comportamiento del usuario?
a) Sí
b) No

49 - ¿Se pueden utilizar variables en Matomo Tag Manager para almacenar datos específicos del usuario, como su ID o su ubicación?
a) Sí
b) No

50 - ¿Cómo se pueden comprobar los valores de las variables en Matomo Tag Manager antes de su uso en un sitio web?
a) Utilizando la interfaz de usuario de Matomo Tag Manager.
b) Añadiendo un fragmento de código JavaScript.
c) Instalando un *plugin*.
d) Probándolo en un sitio web real.
e) Todas las anteriores.

51 - ¿Para qué sirven las versiones en Matomo Tag Manager?
a) Identificar la versión específica de un contenedor.
b) Seguir los cambios realizados en un contenedor.
c) Publicar un contenedor en un sitio web.
d) Optimizar el tiempo de carga del sitio web.

52 - ¿Para qué sirve el modo de depuración en Matomo Tag Manager?
a) Para previsualizar los cambios realizados en un contenedor antes de publicarlo.
b) Para identificar los errores en un contenedor.
c) Para optimizar el tiempo de carga del sitio web.

53 - ¿Qué es un contenedor en Matomo Tag Manager?

a) Un contenedor es una colección de etiquetas, activadores y variables.

b) Un contenedor es una colección de datos de un sitio web.

c) Un contenedor es un conjunto de técnicas de optimización de sitios web.

54 - ¿Cuál es la diferencia entre los modos de "Vista Previa" y modo de "Depuración" en Matomo Tag Manager?

a) El modo de "Vista Previa" muestra los cambios realizados en un contenedor, mientras que el modo de "Depuración" muestra los errores de un contenedor.

b) El modo de "Depuración" muestra los cambios realizados en un contenedor, mientras que el modo de "Vista Previa" muestra los errores de un contenedor.

c) Son la misma cosa.

55 - ¿Para qué sirve el modo de "Publicación" en Matomo Tag Manager?

a) El modo de "Publicación" se utiliza para publicar un contenedor en un sitio web.

b) El modo de "Publicación" se utiliza para previsualizar los cambios realizados en un contenedor.

c) El modo de "Publicación" se utiliza para identificar los errores en un contenedor.

56 - ¿Se puede publicar un contenedor en un sitio web sin estar en el modo de "Publicación" en Matomo Tag Manager?

a) Sí

b) No

57 - ¿Se pueden crear varios contenedores en Matomo Tag Manager?

a) Sí

b) No

58 - ¿Se puede editar un contenedor en Matomo Tag Manager si ya está publicado en un sitio web?

a) Sí

b) No

59 - ¿Cuál es la ventaja de utilizar varios contenedores en Matomo Tag Manager?
a) Permite organizar mejor las etiquetas, los activadores y las variables.
b) Permite una carga más rápida del sitio web
c) Permite optimizar mejor los datos del sitio web.

60 - ¿Para qué sirve la función de "Revertir" en Matomo Tag Manager?
a) Para volver a una versión anterior de un contenedor
b) Para volver a una versión anterior de una etiqueta
c) Para volver a una versión anterior de un activador

RESPUESTAS Y EXPLICACIONES

1 - b. Matomo Tag Manager es una herramienta diseñada para ayudar a gestionar y utilizar etiquetas de marketing en sitios web. Permite el seguimiento del comportamiento de los visitantes del sitio web y la recopilación de datos de uso del sitio web, datos de clientes y datos de conversión.

2 - d. Todas las anteriores.
Matomo Tag Manager es una herramienta que te permite gestionar y rastrear diferentes tipos de etiquetas en tu sitio web, incluyendo etiquetas de análisis, etiquetas de anuncios y etiquetas de conversión.

3 - d. Todas las anteriores.
La ventaja de utilizar Matomo Tag Manager en comparación con el etiquetado manual es que ahorra tiempo, reduce la posibilidad de error humano y mejora el rendimiento del sitio web.

4 - d. Todas las anteriores.
Matomo Tag Manager permite recopilar distintos tipos de datos, como datos de uso del sitio web, datos de clientes y datos de conversión.

5 - a. Sí.
Matomo Tag Manager se puede emplear para rastrear múltiples sitios web, por lo que es una herramienta versátil y flexible para las organizaciones que necesitan gestionar y rastrear datos de múltiples sitios.

6 - a. Sí.

Matomo Tag Manager se puede usar para activar acciones específicas basadas en el comportamiento del usuario, por lo que es una poderosa herramienta para personalizar la experiencia del usuario y mejorar el rendimiento del sitio web.

7 - a. Sí.

Matomo Tag Manager es gratuito.

8 - a. Sí.

Matomo Tag Manager puede integrarse con otras herramientas de *marketing*, como Google Ads, lo que le permite gestionar y rastrear datos de múltiples plataformas en un solo lugar.

9 - b. Sí.

Matomo Tag Manager requiere algunos conocimientos técnicos para su uso, ya que implica la creación y gestión de etiquetas y activadores, así como la integración con otras herramientas de *marketing*.

10 - a. Sí.

Matomo Tag Manager se puede utilizar para realizar un seguimiento de las transacciones de comercio electrónico, por lo que es una herramienta valiosa para los minoristas y las empresas en línea.

Aunque Matomo Tag Manager ofrece una interfaz intuitiva y fácil de usar, requiere algunos conocimientos técnicos para configurarlo y usarlo con eficacia. Es preciso entender cómo crear y gestionar etiquetas, activadores e integraciones, así como algunos conocimientos de tecnologías web y seguimiento de datos.

11 - a. La capa de datos en Matomo Tag Manager es una característica con enormes posibilidades que te permite gestionar y usar etiquetas de marketing en tu sitio web. La capa de datos es un objeto JavaScript que almacena datos sobre tu sitio web y sus interacciones, haciéndolos accesibles a Matomo Tag Manager y otras etiquetas de *marketing*.

Mediante el uso de la capa de datos, puedes gestionar y usar etiquetas de marketing de forma centralizada y eficiente, mejorando con ello la precisión y coherencia de tu seguimiento de datos y racionalizando la gestión y el uso de las etiquetas.

La capa de datos también facilita la integración de Matomo Tag Manager con otras herramientas de *marketing*, ya que proporciona una forma estandarizada de almacenar y acceder a los datos de tu sitio web y sus interacciones.

En general, se puede afirmar que la capa de datos en Matomo Tag Manager es una característica muy útil que facilita la gestión y el uso de etiquetas de marketing, mejora la precisión y la coherencia del seguimiento de datos y la integración con otras herramientas de *marketing*.

12 - d. Todas las anteriores.
La capa de datos de Matomo Tag Manager puede almacenar una amplia gama de datos, como datos de uso del sitio web, datos de clientes y datos de conversión. Esta información puede utilizarse para rastrear y analizar el comportamiento del cliente, el rendimiento del sitio web y las conversiones, proporcionando valiosa información sobre tu sitio web y el resultado de las iniciativas de *marketing*.

Al almacenar estos datos en la capa de datos, puedes hacer que sean fácilmente accesibles tanto para Matomo Tag Manager como para otras etiquetas de *marketing*, mejorando con ello la precisión y la coherencia del seguimiento de datos.

En general, la capa de datos en Matomo Tag Manager ofrece el almacenamiento de una amplia gama de datos de forma centralizada y eficiente, haciéndolos accesibles a Matomo Tag Manager y otras herramientas de *marketing* y proporcionando información importante sobre tu sitio web y las iniciativas de *marketing*.

13 - a. Mediante un código JavaScript.
Matomo Tag Manager accede a los datos de la capa de datos a través de un código JavaScript. La capa de datos es un objeto JavaScript que almacena información sobre tu sitio web y las interacciones que se llevan a cabo en él. Matomo Tag Manager puede acceder fácilmente a esta información mediante un código JavaScript.

La capa de datos en Matomo Tag Manager proporciona una forma centralizada y eficiente de almacenar y acceder a los datos, haciéndolos accesibles a Matomo Tag Manager y otras herramientas de *marketing*.

14 - a. Sí.
Los datos de la capa de datos de Matomo Tag Manager se pueden pasar a herramientas de *marketing* de terceros, como Google Ads. Esto te permite compartir fácilmente datos entre Matomo Tag Manager y otras herramientas de *marketing*, mejorando la precisión y la coherencia de tu

seguimiento de datos.

15 - a. Sí.
Los datos de la capa de datos de Matomo Tag Manager pueden actualizarse dinámicamente. Esto te permite cambiar y actualizar fácilmente la información en tiempo real, tomando como referencia el comportamiento del usuario y otras interacciones del sitio web.

Por ejemplo, puedes actualizar dinámicamente el valor de una transacción de comercio electrónico o el contenido de una página concreta.

16 - b. Anidada.
Los datos de la capa de datos de Matomo Tag Manager tienen una estructura anidada. Esto te permite almacenar y acceder fácilmente a estructuras de datos complejas, incluidas las relaciones jerárquicas de datos y los datos anidados de varios niveles.

17 - a. Añadiendo un fragmento de código JavaScript.
La capa de datos de Matomo Tag Manager se implementa en un sitio web añadiendo un fragmento de código JavaScript al código fuente del sitio web. Este fragmento de código es responsable de crear la capa de datos y actualizarla en tiempo real en función del comportamiento del usuario y otras interacciones que sucedan en el sitio web.

18 - a. La capa de datos almacena datos, mientras que las variables de la capa de datos almacenan porciones de datos específicas

19 - d. Las variables de capa de datos en Matomo Tag Manager se utilizan para almacenar piezas de información específicas o datos que se recogen del sitio web o de sus visitantes. Ejemplos de estos datos son el título de la página, la URL de la página y el ID de usuario.

La capa de datos en Matomo Tag Manager es un objeto JavaScript que almacena información sobre el sitio web y sus interacciones con los usuarios. La capa de datos contiene todos los datos relevantes necesarios para rastrear y analizar el uso del sitio web, el comportamiento de los clientes y otros parámetros claves.

20 - a. Sí.
Los datos de la capa de datos se pueden utilizar para poner en funcionamiento acciones específicas en Matomo Tag Manager. Esto se debe a que la capa de datos actúa como puente entre los datos del sitio web y las etiquetas de *marketing*. A esto lo llamamos *eventos*.

21 - b. Utilizar y gestionar etiquetas de *marketing* y análisis

22 - d. Todas las anteriores

23 - c. Utilizando la interfaz de usuario de Matomo Tag Manager

24 - a. Sí, a través del modo de *Vista previa*→ *Modo de depuración*.

25 - a. Sí
Matomo Tag Manager permite que las etiquetas se actualicen dinámicamente en función de condiciones específicas como el comportamiento del usuario, los datos del sitio web y otra información.

26 - a. Una etiqueta es un código analítico o de *marketing*, mientras que un activador es un evento que activa una etiqueta. La palabra "activador" procede del inglés *trigger* y también se puede encontrar traducida como 'disparador'.

27 - d. Todas las anteriores.

28 - a. Sí.
Pero atento porque puede resultar peligroso. Tendrás que acordarte de ello siempre que edites el activador.

29 - a. Sí.

30 - a. El propósito de las plantillas de etiquetas en Matomo Tag Manager es proporcionar una etiqueta prefabricada y personalizable para una herramienta específica de *marketing* o análisis. Gracias a esto, implementar etiquetas de seguimiento o de *marketing* en un sitio web resulta más fácil y se hace de forma más eficiente.

31 - d. Activar etiquetas en función de eventos específicos

32 - e. Todas las anteriores.
Puedes hacer todo lo que quieras a través de eventos personalizados.

33 - a. Sí.

34 - a. Sí. Precisamente, para eso están.

35 - a. Un activador es un evento que activa una etiqueta, mientras que una etiqueta es un código de análisis o de *marketing*.
A estas alturas, esto ya debería estar claro.

36 - b. {{evento}}

37 - a. Sí, normalmente se utilizan eventos.

38 - a. Sí, de alguna manera podemos llamarlos "filtros".

39 - a. Sí, de hecho esa es la función de los activadores.

40 - a. Utilizando la interfaz de usuario de administración de Matomo Tag Manager con el modo de *Vista previa→Modo de depuración*.

41 - d. Proporcionar valores dinámicos para etiquetas y activadores – como su propio nombre indica.

42 - e. Todas las anteriores.

43 - a. Una variable constante tiene un valor fijo – al fin y al cabo, es constante – mientras que una variable de capa de datos tiene un valor dinámico.

44 - a. Sí.
Una variable es, por definición, algo que varía o que puede variar.

45 - a. Utilizando el nombre de la variable precedido de {{}}.

46 - a. Sí.

47 - a. Sí.

48 - b. No.

49 - a. Sí.

50) - a. Sí.

51 - a, b y c. Las versiones en Matomo Tag Manager se utilizan para identificar y distinguir entre las diferentes iteraciones o versiones de un contenedor.

52 - a. Para previsualizar los cambios realizados en un contenedor antes de su publicación y b) Para identificar los errores en un contenedor.

53 - a. Un contenedor es una colección de etiquetas, activadores y variables. Si has contestado otra cosa, es un buen momento para tomarte un descanso.

54 - c. Son la misma cosa.

55 - a. El modo de "Publicación" se utiliza para publicar un contenedor en un sitio web.

56 - b. No, publicar estando en cualquier otro "modo" sería un poco raro.

57 - a. Sí. Se puede hacer como prueba para trabajar con alguien a terceros.

58 - a. Sí

59 - a. Permite organizar mejor las etiquetas, los activadores y las variables.

60 - a. Para volver a una versión anterior de un contenedor.

EJERCICIOS PRÁCTICOS

1 - Crea varios contenedores para el mismo sitio web.
El ejercicio se considera completo cuando Matomo Tag Manager muestre varios varios contenedores para un solo sitio.

2 - Añade una etiqueta de evento en Matomo Tag Manager y ejecútala.
El ejercicio se considera completo cuando el evento aparezca en Matomo Analytics.

3 - Mide en Matomo Tag Manager que un visitante se ha desplazado hacia abajo el 90% de la página de inicio de tu sitio web.
El ejercicio se considera completo cuando los datos aparezcan en Matomo Analytics gracias a un activador de desplazamiento.

4 - Haz una medición de objetivos con Matomo Tag Manager para que aparezcan en Matomo Analytics.
El ejercicio se considera completo cuando el objetivo que hayas definido en Matomo Tag Manager aparezca en Matomo. Es importante que tengas en cuenta que debes crearlo en Matomo Analytics.

5 - Crea una etiqueta en Matomo Tag Manager para ejecutar un *script* personalizado.
El ejercicio se considera completo cuando hayas seleccionado la etiqueta con este nombre.

6 - Crea una regla de activación para una URL determinada.
El ejercicio se considera completo cuando hayas utilizado el filtro adecuado.

7 - ¿Cómo se integra una variable en una etiqueta? Crea una etiqueta de HTML personalizada para mostrar el día de la semana a través de una ventana emergente. Pero cuidado, tienes que probarlo usando el modo de *Vista previa*.
El ejercicio se considera completo cuando consigas mostrar la ventana emergente con el día de la semana.

8 - Activa el modo de vista previa de Matomo Tag Manager.
El ejercicio se considera completo cuando puedas mostrar el modo de

vista previa en tu sitio web.

9 - Comprueba la activación de etiquetas de acuerdo con las reglas que hayas creado en Matomo Tag Manager.
El ejercicio se considera completo cuando las reglas de activación se ajusten a tus expectativas y cuando puedas confirmar que están correctamente integradas.

10 - ¿Es posible informar de errores de JavaScript en tus páginas con Matomo Tag Manager?
El ejercicio se considera completo cuando hayas encontrado la respuesta en la interfaz de usuario de administración de Matomo Tag Manager.

7 El tablero

El Tablero (del inglés *Dashboard*, también se puede encontrar traducido como 'Panel de control') es un espacio para la visualización y el análisis de datos dentro de Matomo Analytics. Proporciona a los usuarios una visión panorámica del rendimiento de un sitio web, mostrando parámetros fundamentales como el tráfico del sitio web, las tasas de conversión y las páginas más visitadas. El tablero es totalmente personalizable, lo que permite a los usuarios crear modos de vista personalizados y guardarlos para su uso posterior. El tablero muestra los datos en tiempo real, lo que ofrece a los usuarios información siempre actualizada sobre el rendimiento de su sitio web.

1 - ¿Para qué sirve el tablero de Matomo?
a) Controlar el tráfico del sitio web.
b) Seguimiento del rendimiento del correo electrónico.
c) Proporcionar una visión general de parámetros fundamentales.
d) Recibir alertas en tiempo real.
e) Analizar el rendimiento de las redes sociales.

2 - ¿Hasta qué punto es personalizable el tablero de Matomo?
a) Muy personalizable
b) Personalización limitada
c) No es personalizable

3 - ¿Se puede crear un tablero para varios sitios web simultáneos?
a) Sí
b) No

4 - ¿Qué tipo de datos puede mostrar el tablero?
a) Información de los visitantes
b) Fuentes de tráfico
c) Páginas vistas
d) Índices de conversión
e) Todas las anteriores

5 - ¿Se puede compartir el tablero con otras personas?
a) Sí

b) No

6 - ¿Se pueden configurar actualizaciones en tiempo real para el tablero?
a) Sí
b) No

7 - ¿Es posible ver el tablero en dispositivos móviles?
a) Sí
b) No

8 - ¿Se pueden añadir por defecto informes personalizados al tablero?
a) Sí
b) No

9 - ¿Se puede generar el tablero en diferentes idiomas?
a) Sí
b) No

10 - ¿Se puede exportar el tablero en formato PDF?
a) Sí
b) No

RESPUESTAS Y EXPLICACIONES

1 - c. Proporcionar una visión general de parámetros fundamentales.
El tablero de Matomo es una herramienta rápida y sencilla para visualizar parámetros fundamentales del rendimiento de tu sitio web.

2 - a. Altamente personalizable
El tablero de Matomo es altamente personalizable, lo que te permite mostrar los datos y los parámetros que consideres más importantes.

3 - b. No
En realidad, se puede ajustar Matomo para hacer esto, con la función prémium Roll-Up Reporting, mediante el seguimiento de varios sitios web en el ID de un sitio; pero no es una función predeterminada.

4 - e. Todas las anteriores
El tablero de Matomo puede mostrar diversos datos, como información acerca de los visitantes, fuentes de tráfico, páginas vistas y tasas de conversión.

5 - a. Sí
El tablero puede compartirse con otras personas, lo que facilita la colaboración y el intercambio de información con compañeros de trabajo u otros interesados.

6 - b. No
No existe una función que actualice automáticamente los datos.

7 - a. Sí
Esta fue fácil, ¿verdad?

8 - b. No
Los informes personalizados son una función prémium.

9 - a. Sí y b. No
Esta es una respuesta complicada. En principio, la opción no está disponible de forma predeterminada. Sin embargo, podrías tener una versión bastante completa en un idioma mediante un plugin de la comunidad. Sin embargo, si el tablero tiene herramientas que aún no

hayan sido traducidas, estas partes quedarán sin traducción.

10 - b. No

Antes de hacerlo tienes que crear varios informes con la función de programación de correo electrónico.

EJERCICIOS PRÁCTICOS

1 - Ve a la sección "Tablero", crea uno nuevo, ponle el nombre que quieras y añade el *widget* que desees.
El ejercicio está completo cuando tienes ante ti tu nuevo tablero con el *widget* elegido.

2 - Cambia la visualización de uno de tus tableros para que esté compuesto por 4 columnas. Mueve uno de tus *widgets* de la columna 1 a la columna 4.
El ejercicio está completo cuando el tablero se compone de 4 columnas y has movido correctamente el *widget* de la columna 1 a la columna 4.

3 - Añade un *widget* al tablero y luego elimínalo.
El ejercicio está completo cuando el *widget* añadido ya no aparece en el tablero.

4 - Crea un tablero con 3 columnas y añade los siguientes 3 *widgets* (1 por columna):

- ciudad de donde proceden los visitantes
- los sistemas operativos de los visitantes
- las páginas más visitadas del sitio

El ejercicio está completo cuando el tablero tiene las 3 columnas con sus respectivos *widgets*.

5 - Crea un tablero formado por 3 columnas y añádele 6 veces el *widget* titulado *Genérico → Parámetros*. Modifica los 6 *widgets* para obtener un tablero con los siguientes parámetros:
- visitas
- visitante
- acciones
- tasa de rebote
- vistas
- vistas únicas
El ejercicio está completo cuando el tablero se compone de 3 columnas con los *widgets* que se te han pedido.

6 - Comparte la configuración de tu tablero con otro usuario de tu página en Matomo.
El ejercicio está completo cuando el otro usuario tiene acceso a la misma configuración del tablero que tú.

7 - Aplica un segmento a tu tablero haciendo clic en el botón "Todas las visitas". Si no se ha creado ningún segmento, crea uno que excluya tu dirección IP y aplícalo.
El ejercicio está completo cuando aparezca tu tablero y el botón del segmento muestre el nombre del segmento que acabas de crear.

8 - Haz clic en la pequeña *rueda dentada* situada en la parte superior derecha de tu pantalla en la interfaz de Matomo. A continuación, haz clic en *Informe de correo electrónico* (*Email and SMS Reports*) en la columna de la izquierda. Después, haz clic en *Crear* y programa un informe. Titula tu informe "Tablero" y luego añade todos los informes que quieras incluir.
El ejercicio está completo cuando obtengas un archivo .pdf con todos los informes que desees incluir en él.

9 - Haz clic en el botón "Todos los sitios web"; deberías poder ver el rendimiento de todos los sitios web en los que estés utilizando Matomo.
El ejercicio está completo cuando tengas una visión general del rendimiento de tus sitios web.

10 - Mostrar el rendimiento de un tablero durante la última semana.
El ejercicio está completo cuando desde el tablero puedas ver el intervalo de dicha semana.

8 Visitantes

La categoría *Visitantes* de Matomo ofrece una descripción de características como la ubicación, el dispositivo, el navegador y varias más. En definitiva, la información ofrecida por esta sección responde a la pregunta "¿Quiénes son?".

1 - ¿En qué informe encontrarás información sobre el idioma del navegador web?
a) Ubicaciones
b) Dispositivos
c) Software
d) Tiempos
e) ID de usuario

2 - ¿En qué informe encontrarás información sobre el número de usuarios?
a) Ubicaciones
b) Dispositivos
c) Software
d) Tiempos
e) ID de usuario

3 - ¿En qué informe encontrarás información sobre el tipo de dispositivo utilizado para navegar por tu sitio web?
a) Ubicaciones
b) Dispositivos
c) Software
d) Tiempos
e) ID de usuario

4 - ¿Qué informe no te mostrará el número total de visitas?
a) Panorama general
b) Registro de visitas
c) Ubicaciones
d) Dispositivos
e) ID de usuario

5 - ¿Qué informe puede mostrar el sexo de los visitantes?
a) Registro de visitas
b) Dispositivos
c) ID de usuario
d) Variables personalizadas

RESPUESTAS Y EXPLICACIONES

1 - a. Ubicaciones.
Claramente, esta es la opción que indica de dónde proceden los visitantes.

2 - e. ID de usuario.
Uno de los pocos informes que proporciona el número exacto de personas que visitan el sitio web.

3 - b. Dispositivos.
Tiene sentido, aunque el *software* también puede darnos cierta información sobre los dispositivos utilizados.

4 - b. Registro de visitas.
Este informe se compone de datos primarios sobre los que no se ha realizado aún ningún cálculo.

5 - a y b. Registro de visitas y variables personalizadas.
En general, podemos ver esta información en Dimensiones personalizadas y Variables personalizadas; por lo tanto también están dentro del informe de Registro de visitas.

EJERCICIOS PRÁCTICOS

1 - Accede al informe "Resumen de visitas" (en "Vista general"). Busca en esta página la tasa de rebote para el período indicado por la fecha del calendario.
El ejercicio estará completo cuando obtengas información sobre la tasa de rebote para el periodo indicado.

2 - En la página de "Resumen de visitas" ("Vista general"), cambia el gráfico para que muestre los *visitantes únicos*, y no las *visitas*. Es posible que no funcione para un periodo mensual/anual con un intervalo de fechas personalizado.
El ejercicio estará completo cuando obtengas un gráfico que muestre los visitantes únicos.

3 - En la página de "Resumen de visitas", modifica el gráfico para que muestre las visitas y la tasa de rebote.
El ejercicio estará completo cuando obtengas un gráfico que muestre las visitas y la tasa de rebote.

4 - Exportar el gráfico del informe "Resumen de visitas" en formato de imagen.
El ejercicio estará completo cuando tengas un archivo de la información en formato .png.

5 - En la página "Resumen de visitas", cambia el gráfico para que muestre menos periodos. Por ejemplo, si el calendario muestra un día, el gráfico debería tener 30 puntos; intenta cambiar la visualización a 8 puntos en lugar de 30.
El ejercicio estará completo cuando obtengas un gráfico que muestre 8 puntos.

6 - Modifica los datos que aparecen en el "Resumen de visitas" haciendo clic en uno de los epígrafes siguientes:

- visitas
- visitantes únicos
- duración media de una visita

El ejercicio estará completo cuando se modifique el gráfico en función de las interacciones realizadas en los enlaces situados debajo del informe.

7 - En la página "Registro de visitas" (Visit Log), muestra el ID del visitante y su visita pasando el ratón por encima de su ubicación.
El ejercicio estará completo cuando aparezca la información requerida al colocar el cursor encima de la ubicación.

8 - En la página "Registro de visitas" (Visit Log), obtén más información sobre un visitante haciendo clic en el enlace "Ver perfil del visitante".
El ejercicio estará completo cuando puedas ver la identidad del visitante con todas sus visitas anteriores.

9 - En la página de "Registro de visitas" (*Visit Log*), mostrar sólo las 5 últimas visitas.
El ejercicio estará completo cuando se obtenga información solamente sobre el comportamiento de las últimas 5 visitas en la página.

10 - En el informe "Ubicaciones", cambia el mapa del mundo para mostrar sólo el mapa del país donde te encuentres.
El ejercicio estará completo cuando en el informe sólo aparece el mapa del país donde te encuentres.

11 - En el informe titulado *Ubicaciones → País*, visualiza un informe que muestre la evolución de las visitas para el país que hayas elegido.
El ejercicio estará completo cuando Matomo te muestre una curva con la evolución de las visitas del país seleccionado.

12 - En el informe denominado *Ubicaciones → País*, visualiza un informe que muestre la evolución de las visitas en dos países que tú elijas.
El ejercicio estará completo cuando Matomo te muestre una curva que muestre la evolución de las visitas para los dos países seleccionados.

13 - Desde el informe titulado *Ubicaciones → País*, visualiza el "Registro de visitas" y selecciona el país de origen que te interese.
El ejercicio estará completo cuando Matomo muestre el registro de visitas teniendo en cuenta únicamente el país seleccionado.

14 - En el informe denominado *Ubicaciones → País*, visualiza el total de

todas las visitas.

El ejercicio estará completo cuando obtengas al final del informe una línea en la que aparezca el número total de visitas.

15 - En el informe titulado *Ubicaciones* → *País*, visualiza las siguientes columnas:
- visitas.
- visitantes únicos.
- usuarios.

El ejercicio estará completo cuando tengas un informe compuesto por 4 columnas: país, visitas, visitantes únicos, usuarios.

16 - Desde el informe titulado *Ubicaciones* → *País*, despliega una tabla donde se vea el rendimiento de estos visitantes en comparación con un periodo anterior (puede ser el día anterior, la semana anterior...).

El ejercicio estará completo cuando tengas un informe con una columna llamada "Evolución".

17 - Cambia el modo de visualización del informe *Ubicaciones* → *País* para que muestre un histograma, un gráfico circular y, a continuación, una nube de palabras clave.

El ejercicio estará completo cuando tengas dichos modos de visualización.

18 - Para el informe *Ubicaciones* → *País*, ordena la columna de visitantes de menor a mayor.

El ejercicio estará completo cuando veas una columna en orden ascendente.

19 - En la sección "Ubicaciones", accede al informe que enumera los códigos de idioma del navegador.

El ejercicio estará completo cuando tengas un informe con valores del tipo: fr-be, en-gb...

20 - En la sección "Ubicaciones", para el informe sobre navegadores, muestra las cuotas de mercado.

El ejercicio estará completo cuando la columna que indica el número de visitas te muestre las cuotas de mercado correspondientes.

21 - En los informes sobre ciudades de la sección "Ubicaciones", averigua

cómo hacer para que aparezcan sólo dos ciudades en el informe utilizando la función de búsqueda. Sugerencia, tendrás que saber qué son las *expresiones regulares* (utiliza un buscador si es necesario).

El ejercicio estará completo cuando el informe sólo muestre las dos ciudades que querías.

22 - En la categoría "Visitantes", queremos ver el informe sobre las resoluciones de pantalla de los visitantes que han accedido a tu sitio y cómo mostrarlas todas.

El ejercicio estará completo cuando visualices la lista de todas las resoluciones de pantalla y hayas seleccionado todas las líneas que quieres visualizar.

23 - En la categoría "Visitantes", ¿dónde puedes encontrar el informe titulado "Familias de sistemas operativos"?

El ejercicio estará completo cuando consigas visualizar este informe, que debería mostrar los valores: Windows, Mac, GNU/Linux, Android.

24 - ¿En qué informe se puede encontrar semanalmente el día de la semana que recibe más visitas y además visualizarlo como un histograma?

El ejercicio estará completo cuando obtengas un informe que te muestre los días de la semana y cada uno de ellos con sus correspondientes visitas.

9 Comportamiento

La categoría *Comportamiento* en Matomo proporciona valiosa información sobre la interacción de los visitantes con un sitio web. Realiza un seguimiento de parámetros fundamentales, como las páginas vistas, el tiempo que los visitantes han permanecido en el sitio, la tasa de rebote y el tiempo medio de carga de la página. Esta información te puede ayudar a entender qué contenido resulta interesante para tu audiencia y qué puedes hacer para mejorar la interacción de esta con el sitio web. Además, la sección comportamiento proporciona información sobre el número de visitas y de visitantes que regresan al sitio, lo que puede ayudarte a comprender el impacto de tus esfuerzos de marketing.

1 - ¿Qué parámetros se incluyen en la categoría comportamiento de Matomo?
a. Páginas vistas
b. Tasa de rebote
c. Tiempo en el sitio web
d. Tiempo medio de carga de la página
e. Todas las anteriores

2 - ¿Cómo puede ayudar la información de la categoría comportamiento a mejorar la experiencia del usuario?
a. Sabiendo qué páginas son populares.
b. Identificando las páginas de carga lenta.
c. Mediante el seguimiento del tiempo en el sitio.
d. Controlando la tasa de rebote.
e. Todas las anteriores.

3 - ¿Qué tipo de información puedes recabar sobre tu público utilizando la categoría comportamiento de Matomo?
a. Número de visitas
b. Número de visitantes recurrentes
c. Tipo de dispositivo utilizado
d. Ubicación
e. Todas las anteriores

4 - ¿Cómo puedes utilizar la categoría comportamiento de Matomo para

aumentar las tasas de conversión?

a. Mediante el seguimiento del tiempo que permanecen en el sitio web.

b. Identificando las páginas de carga lenta.

c. Comprendiendo qué contenido interesa a tu audiencia.

d. Controlando la tasa de rebote.

e. Todas las anteriores.

5 - ¿En qué se diferencia la categoría *comportamiento* en Matomo de la categoría *visitantes*?

a. La categoría comportamiento se centra en la interacción del usuario con el sitio web.

b. La categoría visitantes se centra en datos demográficos.

c. La categoría comportamiento se centra en las páginas vistas.

d. La categoría visitantes se centra en el tiempo de permanencia.

e. Ninguna de las anteriores.

RESPUESTAS Y EXPLICACIONES

1 - e. Todas las anteriores.
La categoría comportamiento en Matomo rastrea parámetros que son clave, como páginas vistas, tasa de rebote, tiempo en el sitio y tiempo medio de carga de la página. Estos parámetros proporcionan información muy valiosa sobre la interacción de los visitantes con el sitio web.

2 - e. Todas las anteriores.
La categoría comportamiento proporciona información sobre las páginas vistas, el tiempo medio de carga de la página, el tiempo en el sitio y la tasa de rebote, lo que puede ayudarte a comprender qué contenido interesa a tu audiencia, así como identificar las páginas de carga lenta y controlar la tasa de rebote. Al mejorar estos factores, se puede optimizar la experiencia del usuario en el sitio web.

3 - a. Número de visitas, b. Número de visitantes recurrentes.
La categoría comportamiento proporciona información sobre el número de visitas y visitantes que regresan a la página, lo que puede ayudarte a comprender el impacto de tus esfuerzos de *marketing*.

4 - Respuesta: e. Todas las anteriores.
La información que proporciona la categoría comportamiento, como el tiempo en el sitio, el tiempo medio de carga de la página y la tasa de rebote, puede ayudar a comprender qué contenido interesa a tu audiencia, identificar las páginas que se cargan lentamente y controlar la tasa de rebote. Mejorar estos factores, ayudará a aumentar las tasas de conversión.

5 - a. La categoría comportamiento se centra en la interacción del usuario con el sitio web, b. La categoría visitantes se centra en los datos demográficos, c. La categoría comportamiento se centra en las páginas vistas
La categoría comportamiento en Matomo se centra en la interacción del usuario con el sitio web, como las páginas vistas, tiempo en el sitio y tasa de rebote. Por su parte, como vimos en el capítulo anterior, la categoría visitantes se centra en la información demográfica, como la ubicación, el tipo de dispositivo y el idioma. Estas categorías proporcionan información complementaria que ayuda a comprender mejor las preferencias de tu

audiencia y con ello mejorar el sitio web.

EJERCICIOS PRÁCTICOS

1 - Averigua cómo puedes saber qué página de un sitio web tarda más en cargarse y la que ha sido vista por al menos un visitante.
El ejercicio está completo cuando tengas la lista de URLs del sitio web en orden descendente.

2 - Averigua cómo conseguir la definición de páginas vistas únicas y compararla con la de páginas vistas.
El ejercicio está completo cuando seas capaz obtener fácilmente la definición de estos dos términos.

3 - Desde el informe titulado "Páginas", ¿cómo puedo acceder a la página de inicio de un sitio con un solo clic?
El ejercicio está completo cuando haces clic sobre un logo que te permite abrir una pestaña de tu navegador con la página de inicio como URL de acceso.

4 - Para el informe titulado "Páginas", ¿cómo puedo obtener un informe que muestre las acciones anterior y siguiente al visualizar una página presentada en esta tabla?
El ejercicio está completo cuando consigues este informe.

5 - Para el informe titulado "Páginas", ejecuta la función que permite saber en qué enlaces de una página determinada se ha hecho clic.
El ejercicio está completo cuando ejecutes la función de análisis de páginas web.

6 - El informe titulado "Páginas" viene predeterminado de manera jerárquica. Averigua cómo puedes modificarlo para que muestre cada URL individualmente.
El ejercicio está completo cuando tengas una URL por cada línea.

7 - ¿Cómo crees que puedes utilizar el informe de la página de inicio para analizar el SEO de un sitio web?
El ejercicio está completo cuando crees un segmento que sólo tenga en cuenta los buscadores de tráfico natural y lo apliques al informe de la página de inicio.

8 - En tu opinión, ¿por qué el número de visitas de una URL determinada puede ser diferente del número de visitas del título de dicha página?
El ejercicio está completo cuando hayas creado un segmento que sólo tenga en cuenta un título de página determinado y lo apliques al informe de páginas.

9 - Si el complemento Site Search extrae datos, busca en la documentación de https://matomo.org/ cómo se extrae dicha información.
El ejercicio está completo cuando se hace una comprobación en la documentación de https://matomo.org/ en el sistema de fondo de Matomo y en el código fuente del sitio.

10 - ¿Qué tipos de descargas se pueden hacer en Matomo?
El ejercicio está completo cuando hayas encontrado en Matomo o en la página oficial los tipos de archivo que sean compatibles.

11 - ¿Cómo se define un evento en Matomo Analytics?
El ejercicio está completo cuando hayas encontrado documentación que explica claramente cómo se configura un evento en Matomo.

12 - ¿En qué informe puedes encontrar datos sobre los visitantes que ya hayan visitado el sitio web?
El ejercicio está completo cuando veas un informe titulado "Interacción".

10 Adquisición

La categoría *Adquisición* de Matomo la forman un conjunto de informes diseñados para ayudar a rastrear y analizar las fuentes de tráfico en el sitio web. Esta categoría proporciona información detallada sobre la eficacia de las distintas campañas y canales de *marketing*, así como información primaria sobre el comportamiento de los visitantes cuando llegan al sitio web.

1 - ¿Cuál es el objetivo principal de la categoría adquisición en Matomo?
a. Proporcionar información detallada sobre las fuentes de tráfico del sitio web.
b. Analizar el comportamiento de los visitantes en el sitio.
c. Medir el éxito de las campañas de *marketing.*

2 - ¿Cuál de estas fuentes de tráfico no es detectada automáticamente por Matomo?
a. Google SEO
b. Sitios web asociados
c. Google SEA
d. Redes sociales

3 - ¿Puede Matomo detectar nuevos parámetros de seguimiento URL?
a. Sí
b. No

RESPUESTAS Y EXPLICACIONES

1 - a. Proporcionar información detallada sobre las fuentes de tráfico del sitio web. c. Medir el éxito de las campañas de *marketing*.

La categoría adquisición en Matomo está diseñada para ayudar a los propietarios de sitios web a rastrear y analizar las fuentes de tráfico de su sitio web, así como la eficacia de las diversas campañas y canales de *marketing*.

2 - c. Google SEA.

Matomo no lo identifica como una campaña de forma predeterminada, por eso tendrás rastrear esos enlaces o utilizar una función prémium para reconocer esta fuente de tráfico.

3 - a. Sí

Siempre que ajustes el código de seguimiento o cambies el archivo de configuración.

EJERCICIOS PRÁCTICOS

1 - En el informe "General", averigua cómo mostrar el gráfico por semana, en lugar de por día, sin tocar la fecha.
El ejercicio estará completo cuando hagas clic en el icono correcto y pongas la visualización por semanas.

2 - Modifica el informe "Tipos de canal" para que muestre un gráfico circular en lugar de un informe de tablas.
El ejercicio estará completo cuando obtengas un diagrama de sectores.

3 - Una vez definidos unos objetivos para un sitio web, haz que aparezcan en el informe "Tipos de canal".
El ejercicio estará completo cuando los objetivos establecidos aparezcan como columnas de dicho informe.

4 Utiliza la herramienta "URL Builder" https://Matomo.org/docs/tracking-campaigns-URL-builder/ para generar una URL para un sitio web que al menos tenga el parámetro *campaña*. Utiliza esta URL para generar una visita a tu sitio. Una vez hecho esto, ver a "Registro de visitas" para ver la visita.
El ejercicio estará completo cuando puedas ver tu visita en el "Registro de visitas" con los datos de la campaña que has introducido como referencia.

5 - Instala el *plugin* Marketing Campaign Reports.
El ejercicio estará completo cuando puedas ver más informes dentro de Marketing Campaign Reports.

11 Interfaz de usuario de administración

La *Interfaz de usuario de administración* de Matomo permite a los usuarios gestionar y personalizar la plataforma de análisis web. Desde este tablero, se pueden configurar los ajustes, gestionar a los usuarios y el acceso y supervisar el rendimiento del sitio.

EJERCICIOS PRÁCTICOS

Preferencias

1 - Cambia el idioma de visualización de Matomo de inglés a otra lengua.
El ejercicio estará completo cuando Matomo esté configurado en la lengua que tú elijas.

2 - Cambia el sitio predeterminado en Matomo por otro que tú elijas.
El ejercicio está completo cuando vuelvas a entrar en Matomo y el sitio predeterminado sea el que tú has elegido.

3 - Modifica el intervalo de fechas predeterminado.
El ejercicio está completo cuando aparezca el intervalo de fechas que hayas seleccionado.

4 - Utiliza la función "Excluir sus visitas usando una cookie" (*Exclude your visits using a cookie*) y asegúrate de que la "Cookie para excluir a tus visitas de los sitios de internet a los que Matomo realiza seguimiento" está instalada en el navegador.
El ejercicio está completo cuando Matomo no contabiliza ese tráfico.

Usuarios

1 - Añadir un usuario sin darle acceso.
El ejercicio está completo cuando el usuario ha sido añadido.

Medibles

1 - Añade una dirección IP que quieras excluir de uno de tus sitios.
El ejercicio estará completo cuando dicha dirección IP haya sido registrada y validada para un sitio concreto.

2 - Accede al "Código de Monitoreo JavaScript" de uno de tus sitios desde el apartado "Administración" de Matomo.
El ejercicio está completo cuando esta acción te lleve a la página de códigos de seguimiento de Matomo.

Plataforma

1 - Cómo obtener un *iframe* relacionado con el informe sobre las ciudades de origen de los visitantes de un sitio web.

El ejercicio está completo cuando puedas acceder al código fuente de esta integración de iframe a través del sistema de fondo de Matomo.

2 - ¿Cómo obtener la URL para exportar todas las anotaciones de un sitio en formato xml?
El ejercicio está completo cuando desde el sistema de fondo de Matomo puedas acceder a la URL en cuestión.

12 Anotaciones

La función de *Anotaciones* de Matomo permite a los usuarios añadir notas o comentarios a fechas concretas de sus datos analíticos, lo que les aporta contexto y facilita la colaboración. Esta función refuerza el trabajo en equipo al registrar eventos importantes, cambios en el sitio web u otra información relevante que pueda afectar a tus datos, lo que facilita la comprensión e interpretación de tus analíticas.

1 - ¿Para qué sirve la función de *Anotaciones* de Matomo?
a) Para resaltar en el tablero de Matomo eventos importantes.
b) Almacenar notas sobre cambios en el sitio web.
c) Realizar un seguimiento de los objetivos y las conversiones.
d) Almacenar información sobre los visitantes del sitio web.
e) Para almacenar notas sobre cambios en los datos.

2 - ¿Se pueden crear anotaciones para intervalos específicos de fechas de más de un día en Matomo?
a) Sí
b) No

3 - ¿Quién puede crear anotaciones en Matomo?
a) Sólo los administradores.
b) Todos los usuarios.
c) Sólo usuarios con permiso de vista.
d) Sólo usuarios con permiso de escritura.
e) Sólo superusuarios.

4 - ¿Las anotaciones que se hacen en Matomo se comparten en todos los sitios web de una cuenta de Matomo?
a) Sí
b) No

5 - ¿Las anotaciones creadas por un usuario Matomo pueden ser editadas o borradas por otro usuario?
a) Sí
b) No

RESPUESTAS Y EXPLICACIONES

1 - b. y e. El propósito de las *Anotaciones* en Matomo es almacenar información en forma de notas.

2 - b. Las anotaciones en Matomo no se pueden crear para intervalos específicos de fechas, sólo para un día determinado.

3- a, d y e. En Matomo, administradores y superusuarios pueden crear anotaciones pues son quienes tienen los permisos necesarios para realizar cambios en el tablero.

4 - b. Las anotaciones que se hacen en Matomo no se comparten entre todos los sitios web dentro de una misma cuenta de Matomo. Cada sitio web tiene su propio conjunto de anotaciones, lo que permite a los usuarios crear notas específicas y que sean relevantes para cada respectivo sitio web.

5 - a. Aunque resulte sorprendente, sí se puede.

EJERCICIOS PRÁCTICOS

1 - Crea en Matomo una anotación para un sitio web y para una fecha que tú elijas.
El ejercicio está completo cuando puedas consultar en Matomo la anotación que has hecho.

13 Programar informes por correo electrónico

La función para programar informes para recibirlos por correo electrónico permite a los usuarios recibir informes periódicos del análisis de su sitio web directamente en la bandeja de entrada de su correo electrónico. Esta función ofrece una forma fácil y cómoda de mantenerse informado sobre parámetros de gran importancia, como páginas vistas, visitantes únicos, etc. Estos informes son personalizables y pueden programarse para una periodicidad diaria, semanal o mensual, y así encontrar la mejor manera de adaptarse a las necesidades del usuario. Con esta función, los usuarios pueden ahorrar tiempo y mantenerse al día del rendimiento de su sitio web sin tener que iniciar sesión en la plataforma. Además, estos informes pueden compartirse con los miembros del equipo u otras partes interesadas para facilitar la colaboración y la comunicación.

1 - ¿Para qué sirve la función de *Programar informes por correo electrónico* en Matomo?
a. Para llevar un registro de los correos electrónicos enviados.
b. Para controlar el tráfico del sitio web.
c. Recibir informes periódicos sobre el funcionamiento del sitio web.
d. Para recibir alertas en tiempo real.
e. Analizar el rendimiento de las redes sociales.

2 - ¿Con qué frecuencia se puede recibir el informe programado por correo electrónico?
a. Diariamente
b. Semanalmente
c. Mensualmente
d. Anualmente
e. Frecuencia personalizada

3 - ¿Qué tipo de datos se pueden incluuir en el informe programado por correo electrónico?
a. Información de los visitantes
b. Fuentes de tráfico
c. Páginas vistas

d. Tasas de conversión

e. Todas las anteriores

4 - ¿Se pueden personalizar los datos incluidos en el informe programado por correo electrónico?

a. Sí

b. No

5 - ¿Es posible recibir el informe programado por correo electrónico sólo para determinadas páginas?

a. Sí

b. No

6 - ¿Se puede recibir el informe programado por correo electrónico de varios sitios web a la vez?

a. Sí

b. No

7 - ¿Se puede configurar el informe programado por correo electrónico para que se envíe a varias direcciones de correo electrónico?

a. Sí

b. No

8 - ¿Está disponible en todos los planes de Matomo la función de informe programado por correo electrónico?

a. Sí

b. No

9 - ¿Se puede generar el informe programado por correo electrónico en diferentes idiomas?

a. Sí

b. No

10 - ¿Se puede recibir el informe programado por correo electrónico como documento de Word?

a. Sí

b. No

RESPUESTAS Y EXPLICACIONES

1 - c. Recibir informes periódicos sobre el funcionamiento del sitio web.
La función de informes programados por correo electrónico de Matomo te permite recibir informes periódicos sobre el rendimiento de un sitio web, incluidos parámetros clave como el número de visitantes, fuentes de tráfico y páginas vistas.

2 - a, b, c. Se puede configurar el informe programado por correo electrónico para personalizar la frecuencia con la que se va a generar y enviar, bien sea diaria, semanal, mensual o nunca.

3 - e. Todas las anteriores.
El informe programado por correo electrónico puede incluir diversos datos, como información sobre visitantes, fuentes de tráfico, páginas vistas y tasas de conversión.

4 - a. y b.
De forma predeterminada, el informe programado por correo electrónico sólo puede incluir los datos del informe estándar. Si deseas datos personalizados, necesitas activar la función prémium de informes personalizados (Custom Reports) o bien crear tu propio *plugin*.

5 - a. y b.
No es una opción disponible de forma predeterminada, pero sí se puede hacer mediante *plugins* de informes personalizados (Custom Reports).

6 - a. Sí y b. No.
La función de informes programados por correo electrónico ofrece de forma predeterminada la posibilidad de recibir informes de un solo sitio web. Para varios sitios web simultáneos, se necesita la función Roll-up, disponible en prémium, o bien crear un informe personalizado.

7 - a. Sí.
El informe programado por correo electrónico puede enviarse a varias direcciones de correo electrónico, lo que facilita su uso compartido con miembros de un equipo u otras partes interesadas que no tengan acceso a Matomo.

8 - a. Sí.
Es una característica básica.

9 - a. Sí.
Siempre y cuando el usuario cambie el idioma. Si no, también hay algunos *plugins* que se pueden utilizar para este fin.

10 - b. No.
Si desea enviar un formato que pueda modificarse, un .csv es una opción mejor.

EJERCICIOS PRÁCTICOS

1 - Elige un informe en Matomo (cualquiera servirá) y luego exporta los datos de ese informe en formato .csv.

El ejercicio estará completo cuando descargues el archivo .csv a tu ordenador.

2 - Elige el informe de resumen de visitas en Matomo y expórtalo en formato .tsv. Ábrelo con una hoja de cálculo y recrea el mismo gráfico desde tu hoja de cálculo.

El ejercicio estará completo cuando obtengas el mismo gráfico en tu hoja de cálculo que en Matomo.

14 Segmentos

La función de *segmentación* de Matomo es una potente herramienta para que los propietarios de sitios web analicen y comprendan el comportamiento de quienes acuden a su sitio web. Con esta función, puedes segmentar a los visitantes en diferentes grupos en función de varios criterios como la ubicación, el navegador, el sistema operativo, etc.

1 - ¿Para qué sirven los segmentos en Matomo Analytics?
a) Analizar un subconjunto específico de visitantes del sitio web.
b) Analizar los datos del sitio web en tiempo real.
c) Analizar los datos del sitio web de un periodo de tiempo determinado.

2 - ¿Se pueden crear segmentos para páginas específicas de un sitio web en Matomo Analytics?
a) Sí
b) No

3 - ¿Cuántos segmentos se pueden crear en Matomo Analytics?
a) Ilimitados
b) Limitados por el número de visitantes del sitio web
c) Limitados por el tamaño del sitio web

4 - ¿Se pueden utilizar segmentos en tiempo real en Matomo Analytics?
a) Sí
b) No

5 - ¿Se pueden aplicar varios segmentos al mismo tiempo en Matomo Analytics?
a) Sí
b) No

6 - ¿Cuál es la ventaja de utilizar segmentos en Matomo Analytics?
a) Permite una carga más rápida del sitio web.
b) Permite un análisis más detallado de los datos del sitio web.
c) Permite optimizar mejor los datos del sitio web.

7 - ¿Se pueden utilizar segmentos en Matomo Analytics para comparar

datos de sitios web correspondientes a diferentes periodos de tiempo?
a) Sí
b) No

8 - ¿Se pueden utilizar segmentos para analizar datos de sitios web de diferentes países en Matomo Analytics?
a) Sí
b) No

9 - ¿Se pueden utilizar segmentos para analizar el comportamiento de grupos específicos de usuarios en Matomo Analytics?
a) Sí
b) No

10 - ¿Se pueden utilizar segmentos para analizar el comportamiento de dispositivos específicos en Matomo Analytics?
a) Sí
b) No

RESPUESTAS Y EXPLICACIONES

1 - a - La función de segmentación de Matomo Analytics permite el análisis de un subconjunto específico de visitantes del sitio web.

2 - a - Ciertamente, se pueden crear segmentos para páginas específicas de un sitio web. Pero *el resultado probablemente no sea el que esperas*, ya que lo que se mostrará serán los visitantes que durante su visita echaron un vistazo a esas páginas específicas y *además* a otras páginas.

3 - a - En instalaciones locales, no hay límite.

4 - a - b - Sí y No. En tiempo 100 % real no, pero si tu sitio web no recibe mucho tráfico, puedes aplicar un segmento de menos de 5 minutos, que es lo que se puede considerar "tiempo real" en este tipo de cuestiones.

5 - a - Se pueden aplicar múltiples segmentos al mismo tiempo y se pueden utilizar para comparar datos de sitios web de diferentes periodos de tiempo, de diferentes países y de grupos de usuarios y dispositivos específicos.

6 - b - Permite un análisis más detallado de los datos del sitio web.

7 - a - Sí, esto es exactamente lo que ocurre cuando se utiliza la opción de "comparar".

8 - a - Sí, no es difícil de hacer.

9 - a - Sí.

10 - a - Sí.

EJERCICIOS PRÁCTICOS

1 - Crea un segmento en Matomo para que sólo tenga en cuenta a los visitantes que utilicen Mozilla Firefox, independientemente de la versión del navegador.
El ejercicio estará completo cuando puedas ver el informe de registro de visitas y este sólo incluya a los visitantes con dicho navegador.

2 - Crea un segmento en Matomo para que sólo tenga en cuenta a los visitantes procedentes del buscador Google y que procedan de Francia.
El ejercicio estará completo cuando estés viendo el informe del registro de visitas y sólo incluya visitantes de Google y de Francia.

3 - Crea un segmento en Matomo para que sólo tenga en cuenta a los visitantes que han visitado tu página de inicio como página de entrada o como página de salida.
El ejercicio estará completo cuando estés viendo el informe de registro de visitas y este sólo incluya a los visitantes que han entrado o salido por la página de inicio de tu sitio.

4 - Crea un segmento en Matomo para que sólo tenga en cuenta a los visitantes que han realizado una única acción durante su visita.
El ejercicio está completo cuando veas el informe resumen de las visitas y te ofrezca una tasa de rebote del 100%.

15 Objetivos

La función *Objetivos* de Matomo es una potente herramienta que permite a los propietarios de sitios web realizar un seguimiento y medir el éxito de su sitio web. Con esta función, se pueden establecer objetivos específicos para un sitio web, tales como completar una compra, enviar un formulario o visitar una página específica. Una vez fijados estos objetivos, Matomo hará un seguimiento y medirá cada uno de ellos, proporcionando información que permite valorar si el sitio web está cumpliendo las expectativas. Con esta información, se puede optimizar un sitio web para que satisfaga mejor las necesidades de los usuarios. Así mismo, los datos aportados permiten tomar decisiones informadas sobre el contenido, el diseño y las características del sitio web.

1 - ¿Para qué sirve establecer objetivos en Matomo Analytics?
a) Seguir el comportamiento de los usuarios en un sitio web.
b) Seguimiento de las tasas de conversión.
c) Seguimiento del tráfico del sitio web.
d) Seguir la actividad del comercio electrónico.
e) Hacer un seguimiento de la actividad en las redes sociales.

2 - ¿Cuántos objetivos se pueden establecer en una sola cuenta de Matomo Analytics?
a) 5 objetivos
b) 10 objetivos
c) 20 objetivos
d) 50 objetivos
e) Objetivos ilimitados

3 - ¿Se pueden personalizar los objetivos en Matomo Analytics?
a) Sí, los objetivos pueden personalizarse.
b) No, los objetivos no se pueden personalizar.
c) Sólo para usuarios prémium.
d) Sólo para usuarios de empresa.
e) Sólo para usuarios selectos.

4 - Además de por cambios en la URL, ¿es posible activar objetivos en

Matomo Analytics por otros eventos?

a) Sí, los objetivos pueden ser activados por eventos distintos a los cambios de URL.

b) No, los objetivos sólo pueden activarse por cambios de URL.

c) Sólo para usuarios prémium.

d) Sólo para usuarios de empresa.

e) Sólo para usuarios selectos.

5 - ¿Cómo se calcula la tasa de conversión en Matomo Analytics?

a) Dividiendo el número de visitantes únicos por el número de conversiones.

b) Dividiendo el número total de visitantes por el número de conversiones.

c) Dividiendo el número de conversiones por el número de visitantes únicos.

d) Dividiendo el número de conversiones por el número total de visitantes.

e) Dividiendo el número de visitantes por el número total de conversiones.

6 - ¿Se pueden segmentar los objetivos en Matomo Analytics?

a) Sí, los objetivos pueden segmentarse.

b) No, los objetivos no pueden segmentarse.

c) Sólo para usuarios prémium.

d) Sólo para usuarios de empresa.

e) Sólo para usuarios selectos.

7 - ¿Cuál es la diferencia entre un "objetivo de visita" y un "objetivo de duración de visita" en Matomo Analytics?

a) Un objetivo de visita se activa cuando un visitante permanece en el sitio web durante un tiempo determinado, mientras que un objetivo de duración de visita se activa cuando un visitante envía un formulario.

b) Un objetivo de visita se activa cuando un visitante envía un formulario, mientras que un objetivo de duración de visita se activa cuando una URL específica recibe una visita.

c) Un objetivo de visita se activa cuando se visita una URL específica, mientras que un objetivo de duración de visita se activa cuando un visitante permanece en el sitio web durante un tiempo determinado.

d) Un objetivo de visita se activa cuando se visita una URL específica, mientras que un objetivo de duración de visita se activa cuando un visitante interactúa con un elemento específico de una página.

e) Un objetivo de visita se activa cuando un visitante interactúa con un elemento específico de una página, mientras que un objetivo de duración de visita se activa cuando un visitante envía un formulario.

8 - ¿Cómo se puede hacer el seguimiento de un objetivo manual en Matomo Analytics?

a) Configurando un activador en Matomo Tag Manager que se active cuando se produzca la conversión.

b) Configurando un objetivo en Matomo Analytics y realizando el seguimiento de la conversión mediante una dimensión personalizada.

c) Estableciendo un objetivo en Matomo Analytics y realizando el seguimiento de la conversión mediante una variable personalizada.

d) Configurando un objetivo en Matomo Analytics y realizando el seguimiento de la conversión mediante un evento personalizado.

e) Estableciendo un objetivo en Matomo y asociando un activador en el Matomo Tag Manager que se active cuando el objetivo se lleva a efecto.

9 - ¿Para qué sirve crear un "embudo" en relación a un objetivo en Matomo Analytics?

a) Ver cuántos visitantes abandonan el proceso de conversión en cada paso del embudo.

b) Ver cuántos visitantes completan el proceso de conversión en cada paso del embudo.

c) Ver cuántos visitantes inician el proceso de conversión en cada paso del embudo.

d) Ver cuántos visitantes completan el proceso de conversión en el último paso del embudo.

e) Ver cuántos visitantes completan el proceso de conversión en cada paso del embudo y cuántos lo abandonan

10 - ¿Cómo se puede utilizar el "seguimiento de objetivos" para optimizar la tasa de conversión de un sitio web?

a) Mediante la creación en Matomo Tag Manager de un activador que entre en funcionamiento cuando se produzca una conversión, para luego usar una "dimensión personalizada" con la que realizar un seguimiento de la conversión en Matomo Analytics.

b) Controlando la tasa de conversión en Matomo Analytics, introduciendo cambios en el sitio web y en los objetivos de acuerdo con los datos y realizando continuas pruebas y optimizaciones con las que mejorar la tasa de conversión.

c) Controlando la tasa de conversión en Matomo Analytics y realizando en los objetivos cambios avalados por los datos.

d) Estableciendo un objetivo en Matomo Analytics y realizando el seguimiento de la conversión mediante una variable personalizada.

e) Mediante el seguimiento de la tasa de conversión en Matomo Analytics y la introducción de cambios sustentados por los datos en el sitio web.

RESPUESTAS Y EXPLICACIONES

1 - b. Para controlar los índices de conversión.
La configuración de objetivos en Matomo Analytics permite realizar un seguimiento de eventos de conversión específicos —como cuando un usuario se suscribe a un boletín o realiza una compra— y calcular la tasa de conversión.

2 - e. Objetivos ilimitados.
No hay límite en el número de objetivos que se pueden configurar en una instalación local de Matomo.

3 - a. Sí, los objetivos pueden personalizarse.
Es lo que llamamos "definición manual de objetivos".

4 - a. Sí, los objetivos pueden ser activados por eventos distintos a los cambios de URL.
Varios tipos de eventos pueden activar los objetivos en Matomo Analytics, tales como el envío de formularios, clics en botones y otros. Los cambios de URL son solo uno de los muchos posibles.

5 - d. Dividiendo el número de conversiones por el número total de visitantes.
La tasa de conversión en Matomo Analytics se calcula dividiendo el número de conversiones llevadas a cabo con éxito por el número total de visitantes del sitio web.

6 - a. Sí, los objetivos pueden segmentarse.
Los objetivos se pueden segmentar para poder rastrear eventos de conversión específicos destinados a grupos específicos de visitantes, como la ubicación geográfica o el tipo de dispositivo.

7 - c. Un "objetivo de visita" se activa cuando se visita una URL específica, mientras que un "objetivo de duración de visita" se activa cuando un visitante permanece en el sitio web durante un tiempo determinado.

8 - e. Estableciendo un objetivo en Matomo y asociando un activador en el

Matomo Tag Manager que se active cuando el objetivo se lleva a efecto.

9 - e. Ver cuántos visitantes completan el proceso de conversión en cada paso del embudo y cuántos lo abandonan. La palabra "embudo" viene de la traducción literal del inglés *funnel*. También se puede encontrar traducida como 'canal'.

10 - b. Controlando la tasa de conversión en Matomo Analytics, introduciendo cambios en el sitio web y en los objetivos de acuerdo con los datos y realizando continuas pruebas y optimizaciones con las que mejorar la tasa de conversión.

EJERCICIOS PRÁCTICOS

1 - Ve al apartado "General" y, sin utilizar segmentos, averigua cómo extraer el informe de las horas en las que los visitantes alcanzan el objetivo principal.

El ejercicio estará completo cuando tengas un informe en columnas con tus horas de consulta y el número de conversiones realizadas.

2 - ¿Cómo crearías un objetivo cuando un visitante visita una página específica del sitio web?

El ejercicio está completo cuando hayas creado un objetivo basado en una URL concreta.

3 - ¿Cómo crearías un objetivo partiendo de una acción específica que haya sido realizada en el sitio web?

El ejercicio está completo cuando seas capaz de explicar cómo hacerlo.

4 - Activa un objetivo utilizando Matomo Tag Manager.

El ejercicio está completo cuando seas capaz de realizar esta acción.

16 Seguimiento de campañas por URL

La función de *Seguimiento de campañas por URL* de Matomo (Matomo Campaign Tracking URL) permite a los propietarios de sitios web el seguimiento y análisis del rendimiento de sus campañas de *marketing*. Con esta función, puedes añadir parámetros de seguimiento a las URL de tus campañas, lo que permitirá a Matomo monitorearlas y medir el éxito de las mismas. Tanto si la campaña se realiza por correo electrónico, por medios sociales, o por publicidad de pago, la función de seguimiento de campañas por URL de Matomo es una herramienta imprescindible para cualquiera que quiera medir el éxito de sus esfuerzos de marketing.

1 - ¿Cuál es el objetivo principal de la función de seguimiento de campañas por URL?
a) Recibir alertas en tiempo real.
b) Controlar el tráfico del sitio web.
c) Analizar el rendimiento de las redes sociales.
d) Seguimiento de los resultados de las campañas.
e) Seguimiento del rendimiento del correo electrónico.

2 - ¿Con cuál de los siguientes es posible integrar la función de seguimiento de campañas por URL?
a) Correos electrónicos
b) Código QR
c) PDF
d) Anuncios en *banners*
e) Ninguna de las anteriores

3 - ¿Es posible ver los resultados de una campaña en tiempo real utilizando la función de seguimiento de campañas por URL de Matomo?
a) Sí
b) No
c) Sólo en determinados planes
d) Sólo para determinados tipos de campañas
e) Todavía no, pero está previsto para una futura actualización

4 - ¿Cómo rastrea Matomo las campañas utilizando la función de

seguimiento de campañas por URL?

a) Utilizando direcciones de correo electrónico.

b) Mediante el uso de *cookies*.

c) Utilizando direcciones IP.

d) Utilizando códigos de seguimiento de campaña únicos en las URL.

e) Utilizando una combinación de todas las anteriores.

5 - ¿Se puede comparar el rendimiento de diferentes campañas utilizando la función de seguimiento de campañas por URL de Matomo?

a) Sí

b) No

c) Sólo para determinados tipos de campañas

RESPUESTAS Y EXPLICACIONES

1 - d. Seguimiento de los resultados de las campañas.
La función de seguimiento de campañas con URL de Matomo está diseñada para ayudarte a realizar un seguimiento del rendimiento de tus campañas, incluidos parámetros como clics, conversiones e ingresos.

2 - a. b. c. d.
En todos los sitios donde se pueda insertar un enlace.

3 - a. Sí
Con la función de seguimiento de campañas por URL de Matomo, se pueden ver los resultados de una campaña en tiempo real, lo que permite tomar decisiones rápidas y ajustar la estrategia según sea necesario.

4 - d. Utilizando códigos de seguimiento de campaña únicos en las URL.
Matomo realiza el seguimiento de las campañas mediante códigos de seguimiento únicos que se añaden a las URL de las campañas. Cuando alguien hace clic en un enlace con un código de seguimiento, Matomo puede recopilar datos sobre el rendimiento de esa campaña.

5 - a. Sí.
Para ello, tienes que hacer clic en el gráfico de una campaña y, a continuación, en una fila para compararla con otra.

EJERCICIOS PRÁCTICOS

1 - Usando la herramienta, URL Builder que puedes encontrar en este enlace https://Matomo.org/docs/tracking-campaigns-url-builder/ genera una URL para el sitio web que tenga como mínimo el parámetro "campaña". Utiliza esta URL para generar una visita al sitio. Una vez hecho esto, ve al informe de registro de visitas para comprobar que la visita aparece allí.

El ejercicio está completo cuando veas la visita en el registro, con los datos de la campaña que introdujiste como referencia.

2 - Realiza el mismo ejercicio utilizando un generador de códigos QR. Una vez hecho esto, ve al registro de visitas para comprobar que la visita aparece allí.

El ejercicio está completo cuando veas la visita hecha desde el código QR en el registro de visitas, con los datos de la campaña que introdujiste como   referencia.

17 Alertas personalizadas

La función de *Alertas personalizadas* (Custom Alerts) de Matomo permite a los propietarios de sitios web estar al corriente del rendimiento de su sitio web y recibir notificaciones cuando se producen cambios importantes. Con esta función, se pueden establecer alertas personalizadas para parámetros específicos, como las páginas vistas, la tasa de rebote o la tasa de conversión y recibir notificaciones cuando haya cambios en dichos parámetros que se salgan de un rango especificado. Esto significa que se puede recibir una alerta cuando, por ejemplo, el tráfico del sitio web disminuya significativamente, cuando aumenta la tasa de rebote, o cuando disminuya la tasa de conversión, lo que permite tomar medidas inmediatas y mantener el rendimiento del sitio web al máximo.

1 - ¿Para qué sirve la función de alertas personalizadas en Matomo?
a) Gestionar la apariencia de un sitio web.
b) Bloquear el acceso de determinadas direcciones IP al sitio web.
c) Controlar el acceso a tu cuenta de Matomo.
d) Enviar notificaciones cuando se produzcan eventos específicos en el sitio web.
e) Para ver informes detallados sobre el tráfico del sitio web.

2 - ¿Se pueden crear alertas personalizadas en función de varias dimensiones?
a) Sí
b) No
c) Sólo con el plan prémium
d) Sólo para determinados acontecimientos
e) Sólo para determinados tipos de sitios web

3 - ¿Se pueden recibir notificaciones de alertas personalizadas a través de SMS?
a) Sí
b) No

c) Sólo con el plan prémium
d) Sólo a través de la aplicación móvil de Matomo
e) Sólo a través de SMS

4 - ¿Se puede consultar el historial de alertas personalizadas que se han activado?
a) Sí
b) No
c) Sólo con el plan prémium
d) Sólo durante un periodo de tiempo limitado
e) Sólo para determinados tipos de alertas

5 - ¿Se pueden personalizar las condiciones que activan una alerta personalizada a través de Matomo Tag Manager?
a) Sí
b) No
c) Sólo con el plan prémium
d) Sólo para determinados tipos de alertas
e) Sólo con la ayuda de un especialista en Matomo

RESPUESTAS Y EXPLICACIONES

1 - d) Para enviar notificaciones cuando se produzcan eventos específicos en el sitio web.

2 - b) No, a menos que se utilice la función prémium Informes personalizados (*Custom Reports*).

3 - b) No, para ello tendrías que pagar a un operador de SMS.

4 - a) Sí.

5 - b) No, sólo a través de Matomo.

EJERCICIOS PRÁCTICOS

1 - Crea una alerta personalizada en Matomo para un sitio web y propón una forma de verificar que esta alerta pueda activarse.
El ejercicio está completo cuando la alerta está creada y se puede probar con un segmento.

2 - Crea una alerta personalizada en Matomo para que te avise de que se han detectado errores 404 en un sitio web.
El ejercicio está completo cuando recibas una alerta (a menudo será un día después) que corresponde al menos a un error 404.

3 - ¿Cómo crearías una alerta para saber si un formulario de contacto no funciona?
El ejercicio está completo cuando ofrezcas un razonamiento válido para la creación de dicha alerta.

4 - Accede al historial de alertas activadas.
El ejercicio estará completo cuando hayas accedido correctamente a esta opción.

18 Eventos

La función de *Seguimiento de eventos* (Event Tracking) de Matomo permite a los propietarios de sitios web realizar un seguimiento de las interacciones de los usuarios con su sitio web, como clics en botones, envíos de formularios y reproducciones de vídeo. La función de seguimiento de eventos también permite realizar un seguimiento de eventos personalizado, ofreciendo la flexibilidad de realizar un seguimiento de cualquier tipo de interacción del usuario con el sitio web. Esta información se puede utilizar para identificar las áreas de un sitio web que necesitan mejoras, para tomar decisiones basadas en datos y para aumentar el rendimiento de un sitio web.

1 - ¿Para qué sirve la función de seguimiento de eventos en Matomo Analytics?
a) Seguimiento de los datos de inventario.
b) Seguimiento de ventas y clientes.
c) Rastrear las acciones realizadas por los visitantes en un sitio web.
d) Conocer el sexo de los visitantes.

2 - ¿Qué tipo de eventos se pueden rastrear con la función de seguimiento de eventos de Matomo Analytics?
a) Clics en enlaces y botones
b) Vídeos vistos y tiempo pasado en una página
c) Envío de formularios y desplazamiento por las páginas
d) Todas las anteriores

3 - ¿Cómo se implementa la función de seguimiento de eventos de Matomo Analytics en un sitio web?
a) Automáticamente, a través de la interfaz Matomo Analytics.
b) A través de un *plugin* instalado en el sitio web.
c) Mediante una integración en el servidor.
d) Mediante código JavaScript añadido al sitio web.

4 - ¿Cuál es la diferencia entre *categoría*, *acción* y *nombre* de un evento en "Seguimiento de eventos" de Matomo Analytics?

a) La categoría representa el evento específico, la acción representa el tipo de evento y el nombre proporciona detalles adicionales sobre el evento.

b) La categoría representa el tipo de evento, la acción representa el evento específico y el nombre proporciona detalles adicionales sobre el evento.

c) La categoría representa el tipo de evento, la acción representa el resultado del evento y el nombre proporciona detalles adicionales sobre el evento.

5 - ¿Se pueden asociar variables personalizadas a eventos en Matomo Analytics?

a) Sí

b) No

RESPUESTAS Y EXPLICACIONES

1 - c. Rastrear las acciones realizadas por los visitantes en un sitio web.

2 - d. Todas las anteriores.

3 - d. Mediante un código JavaScript añadido al sitio web.

4 - b. En Matomo Analytics, la categoría representa el tipo de evento, la acción representa el evento específico y el nombre proporciona detalles adicionales sobre el evento.

5 - Sí, se puede asociar variables personalizadas con eventos en Matomo Analytics.

EJERCICIOS PRÁCTICOS

1 - Copia y pega la siguiente línea de código en una de las páginas de tu sitio web:

```
<script>_paq.push(['trackEvent', 'Category', 'Action', 'Name']);</script>
```

Luego ve a la página en cuestión como visitante. ¿Qué observas en el registro de visitas?

El ejercicio estará completo cuando en el registro de visitas aparezca un visitante cuyo *comportamiento* sea el siguiente:

- categoría
- acción
- nombre

2 - Desde Matomo Tag Manager, prueba a implementar una etiqueta que sea un evento.
El ejercicio estará completo cuando puedas ver dicho evento en Matomo.

19 Dimensiones personalizadas

La función de *Dimensiones personalizadas* (Custom Dimensions) de Matomo permite a los propietarios de sitios web asignar información adicional en forma de datos personalizados a visitantes o acciones y visualizar informes sobre cuántas visitas, conversiones, páginas vistas, etc. hay para cada dimensión. seguimiento de información adicional sobre los visitantes de su sitio web y sus acciones. Con la función *Dimensiones personalizadas* se pueden definir el tipo de usuario, la fuente de referencia o la categoría de contenido, así como realizar un seguimiento de esta información junto con parámetros estándar, como las páginas vistas y la tasa de rebote. Esta información sirve para conocer mejor a los visitantes de un sitio web, segmentar la audiencia en diferentes grupos y utilizar todos estos datos para tomar decisiones sobre el contenido, el diseño y las características de un sitio web.

1 - ¿Qué es una dimensión personalizada en Matomo Analytics?
a) Una dimensión predefinida para rastrear tipos específicos de datos.
b) Una dimensión definida por el usuario para rastrear datos únicos no cubiertos por las dimensiones predefinidas.
c) Una dimensión utilizada únicamente para el seguimiento del comercio electrónico.

2 - ¿Cuántas dimensiones personalizadas se pueden crear en Matomo Analytics de forma predeterminada?
a) Ilimitadas
b) 10
c) 5
d) 20

3 - ¿Se pueden utilizar dimensiones personalizadas para rastrear el comportamiento de los usuarios en un sitio web?
a) Sí
b) No

4 - ¿Se pueden asociar dimensiones personalizadas a eventos en Matomo Analytics?
a) Sí

b) No

5 - ¿Se pueden utilizar dimensiones personalizadas para segmentar datos en Matomo Analytics?
a) Sí
b) No

RESPUESTAS Y EXPLICACIONES

1 - b. Una dimensión personalizada en Matomo Analytics es una dimensión definida por el usuario para el seguimiento de datos únicos no cubiertos por dimensiones predefinidas.

2 - c . De forma predeterminada se pueden crear hasta 5, pero puedes modificarlo en el tablero.

3 - a. Sí, puedes utilizar dimensiones personalizadas para rastrear el comportamiento de los usuarios en un sitio web. De hecho, lo que hace esta función es añadir una capa adicional de datos basada en una ya existente.

4 - a. Sí, porque los eventos son en sí mismos acciones.

5 - a. Sí, todas las dimensiones lo hacen.

EJERCICIOS PRÁCTICOS

1 - Desde Matomo Tag Manager, prueba a implementar una dimensión personalizada mediante una variable de configuración de Matomo.
El ejercicio está completo cuando puedas ver en Matomo la dimensión personalizada que has creado.

20 Búsqueda en el sitio web

La función de *Búsqueda dentro del sitio* (Site Search) de Matomo permite rastrear y analizar los términos de búsqueda utilizados por los visitantes de un sitio web dentro del propio sitio, utilizando el motor de búsqueda interno. Esto nos proporciona información sobre su comportamiento y ayuda a mejorar esta función, a través de la cuál puedes ver el número de búsquedas realizadas, las palabras clave utilizadas y las páginas buscadas, con lo que tienes una visión completa de la experiencia de búsqueda del usuario en el sitio web.

1 - ¿Dispone Matomo de una función de búsqueda dentro del sitio?
a) Sí
b) No

2 - ¿Qué información puede obtenerse utilizando la función de búsqueda dentro del sitio?
a) Número de acciones de búsqueda en el sitio.
b) Palabras clave más buscadas.
c) Páginas visitadas como resultado de búsqueda.
d) Ubicación y datos demográficos del usuario.
e) Tasa de rebote de las páginas de búsqueda del sitio.

3 - ¿Se puede implementar la función de búsqueda dentro del sitio de Matomo en el código fuente de la página?
a) Sí
b) No

RESPUESTAS Y EXPLICACIONES

1 - a. Matomo tiene una función de búsqueda dentro del sitio, que permite a los propietarios de sitios web rastrear y analizar el comportamiento de los usuarios en las páginas visitadas como resultado de búsquedas internas, es decir, efectuadas con el motor de búsqueda del sitio.

2 - a, b y c. Utilizando la función búsqueda dentro del sitio de Matomo, los propietarios de sitios web pueden recopilar información como el número de acciones de búsqueda en el sitio, las palabras clave más buscadas y las páginas visitadas por los usuarios como resultado de sus búsquedas.

3 - a. Esta función puede implementarse a través del código fuente del sitio web.

EJERCICIOS PRÁCTICOS

1 - Implementa la función de *Búsqueda dentro del sitio* desde la configuración del sitio web.
El ejercicio está completo cuando veas tus términos de búsqueda interna dentro de Matomo.

2 - Matomo se vale de parámetros URL para sus búsquedas dentro del sitio. Si tu sitio web no está registrando términos puede deberse a que no hay parámetros URL. Para resolver esto, prueba a implementar la siguiente línea de código dentro del código fuente del sitio web:
_paq.push(['trackSiteSearch', "Su término de búsqueda", "Su categoría de búsqueda", 0]); donde 0 representa el número de resultados de la búsqueda.
El ejercicio está completo cuando:
Puede ver sus términos de búsqueda interna dentro de Matomo.

21 Comercio electrónico

La función de *Comercio electrónico* (Ecommerce) de Matomo te permite seguir y analizar las ventas y los ingresos generados por tu tienda en línea. Con esta función, puedes controlar el rendimiento de tus productos y categorías, supervisar el proceso de pago y observar qué campañas de *marketing* generan más ventas. Así mismo, te permite conocer mejor el comportamiento de compra de tus clientes y partiendo de estos datos tomar decisiones con las que optimizar tu negocio de comercio electrónico.

1 - ¿Es suficiente habilitar la función de *Comercio electrónico* en la configuración del sitio web para recibir los datos correspondientes en Matomo?
a) Sí
b) No

2 - ¿Qué clase de información puede obtenerse utilizando el código de seguimiento de comercio electrónico de Matomo?
a) Número de transacciones completadas
b) Total de ingresos generados
c) Valor medio de los pedidos
d) Productos más populares
e) Ubicación y datos demográficos del usuario

3 - ¿Se puede utilizar el código de seguimiento de comercio electrónico de Matomo para observar el rendimiento de páginas de productos específicos?
a) Sí
b) No

4 - ¿Es posible controlar el número de carritos de la compra abandonados utilizando el código de seguimiento de comercio electrónico en Matomo?
a) Sí
b) No

5 - ¿Se puede utilizar el código de seguimiento de comercio electrónico en

Matomo para examinar el rendimiento de campañas promocionales específicas?

a) Sí

b) No

RESPUESTAS Y EXPLICACIONES

1 - b. Lamentablemente no es suficiente, hace falta además insertar un código de seguimiento específico en el sitio web.

2 - a, b, c y d. Utilizando el código de seguimiento de comercio electrónico de Matomo, los propietarios de sitios web pueden recopilar información diversa, como el número de transacciones completadas, los ingresos totales generados, el valor medio de los pedidos y los productos más populares.

3 - a. El código de seguimiento de comercio electrónico en Matomo se puede utilizar para supervisar el rendimiento de las páginas de productos específicos, lo que permite a los propietarios de sitios web obtener una mejor y más detallada comprensión de qué productos están resultando interesantes a sus clientes y cuáles no.

4 - a. Es posible realizar un seguimiento del número de carritos de la compra abandonados utilizando el código de seguimiento de comercio electrónico en Matomo, lo que permite a los propietarios de sitios web obtener valiosa información sobre por qué los clientes no completan algunas transacciones.

5 - a. El código de seguimiento de comercio electrónico en Matomo se puede utilizar para realizar un seguimiento del rendimiento de campañas promocionales específicas, lo que permite a los propietarios de sitios web valorar la eficacia de sus esfuerzos de *marketing* y utilizar los datos recibidos para tomar decisiones sobre su estrategia de mercadotecnia.

EJERCICIOS PRÁCTICOS

1 - Prueba a implementar el código de seguimiento de comercio electrónico en un sitio web de prueba —si eres usuario de WordPress, puedes instalar el *plugin* Woocommerce, que convertirá tu web en un comercio electrónico.
El ejercicio finaliza cuando hayas conseguido enviar algunos datos de comercio electrónico a tu Matomo.

2 - Trata de implementar las funciones avanzadas de comercio electrónico de Matomo.
El ejercicio finaliza cuando hayas conseguido enviar algunos datos avanzados de comercio electrónico a Matomo Analytics.

22 Identificación de usuario

La función de *Identificación de usuario* (User-ID) de Matomo te permite rastrear y analizar el comportamiento de usuarios específicos en distintos dispositivos y visitas. Al asignar un ID único a cada usuario, tendrás una visión panorámica de su recorrido por tu sitio web, incluyendo su actividad, los objetivos de conversión y los ingresos generados. Esta función te permite conocer mejor a tu audiencia y te proporciona valiosa información para aumentar la interacción dentro del sitio web y el crecimiento del mismo.

1 - ¿Qué es la función de Identificación de usuario en Matomo?
a) Una función para identificar a los visitantes que regresan al sitio web.
b) Una forma de observar el comportamiento de los usuarios en un sitio web.
c) Un identificador único de un visitante del sitio web.
d) Una función de seguimiento demográfico de los usuarios.

2 - ¿Es fácil implementar la identificación de usuario en un sitio web?
a) Sí
b) No

3 - ¿Es posible asociar la identificación de usuario con datos demográficos en Matomo?
a) Sí
b) No

RESPUESTAS Y EXPLICACIONES

1 - c. La función de identificación de usuario en Matomo asigna un identificador único a cada visitante del sitio web, lo que permite a los propietarios de sitios web rastrear y analizar el comportamiento de cada usuario a través de múltiples sesiones.

2 - b. La función de identificador de usuario precisa de cierto desarrollo personalizado para poder identificar dónde hay un sistema de identificación en el sitio web que Matomo pueda utilizar.

3 - a. Es posible asociar la identificación de usuario con datos demográficos, lo que permite a los propietarios de sitios web obtener un conocimiento más profundo de su audiencia y orientar sus esfuerzos de mercado de manera más eficaz.

EJERCICIOS PRÁCTICOS

1 - Prueba a implementar el código de seguimiento de identificación de usuario en un sitio web de prueba. Si te resulta demasiado difícil, puedes utilizar la "variable de configuración" en *Matomo Tag Manager*.
El ejercicio estará resuelto cuando hayas conseguido enviar el ID de usuario a Matomo.

23 Funciones prémium

En este capítulo vamos a ver una serie de preguntas, explicaciones y ejercicios relacionados con distintas *funciones prémium* que ofrece Matomo. La primera de ellas es la función Custom Reports (Informes personalizados) de Matomo, que te permite crear informes adaptados a tus necesidades empresariales específicas. Con ella, puedes elegir entre una variedad de plantillas de informes, o crear los tuyos propios desde cero, seleccionando las parámetros, dimensiones y rangos de datos que más te interesen. Custom Reports te ofrece un modo de acceso rápido y fácil a los datos y desde las perspectivas que tú necesitas para tomar mejores decisiones e impulsar el crecimiento de tu negocio.

1 - ¿Qué es la función prémium de Custom Reports de Matomo?
a) Una herramienta de análisis para sitios web.
b) Una herramienta informativa que envía los comentarios de los clientes.
c) Una herramienta para crear informes personalizados a partir de los datos que proporciona Matomo.
d) Una aplicación para gestionar campañas de *marketing*.
e) Una herramienta de creación de sitios web.

2 - ¿Qué tipo de datos pueden utilizarse en un informe personalizado de Matomo?
a) Datos de las redes sociales
b) Comentarios de los clientes
c) Datos analíticos del sitio web
d) Datos de campañas de marketing
e) Todas las anteriores

3 - ¿Cuáles son las ventajas de utilizar la función prémium Custom Reports de Matomo?
a) Mejora del rendimiento del sitio web.
b) Mejor comprensión de las opiniones de los clientes.
c) Informes más detallados y personalizados sobre los datos del sitio web.
d) Mayor eficacia en la gestión de las campañas de marketing.
e) Mejores resultados de ventas.

4 - ¿Cuántas dimensiones se pueden utilizar en un informe personalizado?
a) 1
b) 2
c) 3
d) 4
e) 5

5 - ¿Cuáles son los requisitos técnicos para utilizar la función prémium Custom Reports de Matomo?
a) Un sitio web
b) Matomo instalado en el sitio web
c) Una clave API
d) Una cuenta de alojamiento web
e) Todas las anteriores

6 - ¿Cuál es el objetivo principal de A/B Test?
a) Determinar qué diseño tiene la mejor tasa de conversión.
b) Identificar el mejor momento para publicar contenidos.
c) Decidir el número óptimo de páginas para un sitio web.
d) Decidir qué combinación de colores es la más atractiva.
e) Encontrar el mejor tipo de letra para el texto del sitio web.

7 - ¿Qué tipo de información puede encontrarse en Activity Log?
a) Comportamiento del destinatario de Matomo.
b) Datos de tráfico del sitio web.
c) Historial de compras del usuario.
d) Datos personales del usuario.
e) Información sobre el dispositivo del usuario.

8 - ¿Cuál es el principal propósito por el que utilizamos Cohorts en Matomo?
a) Segmentar a los usuarios en función de características comunes.
b) Seguir el comportamiento de los usuarios durante un periodo de tiempo.
c) Medir el rendimiento del sitio web.
d) Analizar los datos de tráfico del sitio web.
e) Rastrear información personal del usuario.

9 - ¿Qué tipo de datos se pueden analizar con Form Analytics?
a) Datos personales del usuario.

b) Historial de compras del usuario.

c) Comportamiento de los usuarios en un sitio web.

d) Formularios en un sitio web.

e) Datos de tráfico del sitio web.

10 - ¿Cuál es el objetivo principal de Funnels en Matomo?

a) Analizar el comportamiento de los usuarios en un sitio web.

b) Rastrear información personal del usuario.

c) Medir el rendimiento del sitio web.

d) Visualizar las etapas de un proceso de conversión.

e) Segmentar a los usuarios en función de características comunes.

11 - ¿Qué tipo de información puede obtenerse de Heatmaps y Session Recordings de Matomo?

a) Datos personales del usuario.

b) Comportamiento de los usuarios en un sitio web.

c) Historial de compras del usuario.

d) Datos de tráfico del sitio web.

e) Información sobre el dispositivo del usuario.

12 - ¿Cuál es el propósito principal de LoginSaml de Matomo?

a) Proporcionar una forma segura de iniciar sesión en Matomo.

b) Observar el comportamiento de los usuarios en un sitio web.

c) Medir el rendimiento del sitio web.

d) Analizar los datos de tráfico del sitio web.

e) Gestionar las cuentas de usuario.

13 - ¿Qué tipos de medios se pueden analizar con Media Analytics de Matomo?
a) Imágenes
b) Archivos de audio
c) Vídeos
d) PDF
e) Todas las anteriores

14 - ¿Cuál es el objetivo principal de Roll-Up Reporting de Matomo?
a) Visualizar las etapas de un proceso de conversión.
b) Analizar el comportamiento de los usuarios en un sitio web.
c) Medir el rendimiento del sitio web.
d) Rastrear información personal del usuario.
e) Consolidar datos de varios sitios web en un único informe.

15 - ¿Qué tipo de datos se pueden analizar con Search Engine Keywords Performance en Matomo?
a) Búsqueda interna en un sitio web.
b) Datos personales del usuario.
c) Historial de compras del usuario.
d) Datos de tráfico del sitio web.
e) Palabras clave de los motores de búsqueda y su rendimiento.

16 - ¿Cuál es el objetivo principal de SEO Web Vitals en Matomo?
a) Medir el rendimiento del sitio web.
b) Analizar el comportamiento de los usuarios en un sitio web.
c) Rastrear información personal del usuario.
d) Optimizar el posicionamiento en buscadores (SEO).
e) Visualizar las etapas de un proceso de conversión.

17 - ¿Cuál es el objetivo principal de Multi Channel Conversion Attribution (Atribución de conversiones multicanal) de Matomo?
a) Monitorear el comportamiento de los usuarios en un sitio web.
b) Comprender el papel de los distintos canales de marketing en las conversiones.
c) Medir el rendimiento del sitio web.
d) Analizar los datos de tráfico del sitio web.
e) Segmentar a los usuarios en función de características comunes.

18 - ¿Qué tipo de datos se pueden exportar con Advertising Conversion Export (Exportador de conversión por publicidad) en Matomo?
a) Datos sobre el comportamiento de los usuarios
b) Datos personales del usuario
c) Historial de compras del usuario
d) Datos de tráfico del sitio web
e) Datos de conversión como resultado de la publicidad.

19 - ¿Cuál es el objetivo principal de Users Flow en Matomo?
a) Visualizar el recorrido de los usuarios en un sitio web.
b) Analizar el comportamiento de los usuarios en un sitio web.
c) Medir el rendimiento del sitio web.
d) Rastrear información personal del usuario.
e) Segmentar a los usuarios en función de características comunes.

20 - ¿Cuál es el principal objetivo de White Label en Matomo?
a) Cambiar el nombre de los informes.
b) Analizar el comportamiento de los usuarios en un sitio web.
c) Marcar Matomo como propio.
d) Rastrear de forma anónima la información personal de los usuarios.
e) Gestionar las cuentas de usuario.

21 - ¿Cuál es el propósito principal de WooCommerce Analytics en Matomo?
a) Para analizar datos de comercio electrónico para sitios web que utilizan WooCommerce.
b) Observar el comportamiento de los usuarios en un sitio web.
c) Medir el rendimiento del sitio web.
d) Analizar los datos de tráfico del sitio web.
e) Gestionar las cuentas de usuario.

RESPUESTAS Y EXPLICACIONES

1 - c. Una herramienta para crear informes personalizados a partir de los datos que proporciona Matomo.
La función prémium Custom Reports de Matomo permite crear cualquier combinación de informes.

2 - e. Todas las anteriores.
Todos los datos incluidos en Matomo pueden utilizarse para crear informes personalizados.

3 - c. Informes más detallados y personalizados sobre los datos del sitio web.
El principal beneficio de la función prémium de Custom Reports de Matomo es que permite a los usuarios crear informes más detallados y personalizados basados en los datos de su sitio web, lo que puede proporcionarles una comprensión más profunda del rendimiento de su sitio web y sus visitantes.

4 - c. 3
Actualmente, se pueden añadir hasta 3 dimensiones a un informe personalizado.

5 - b. Matomo instalado en el sitio web.
Para poder utilizar la función prémium Custom Reports de Matomo, el usuario debe tener Matomo instalado en su sitio web. Matomo es una plataforma de análisis web de código abierto que recopila y almacena datos del análisis de sitios web que luego son utilizados por esta función para crear informes personalizados.

6 - a. Determinar qué diseño tiene la mejor tasa de conversión.
A/B Test es un método de experimentación utilizado en *marketing* digital para comparar dos o más versiones de una misma página web, un diseño o un contenido. El objetivo es determinar cuál de las versiones funciona mejor en relación con un objetivo de conversión específico, como aumentar los registros, los clics o las compras.

7 - a. Comportamiento del usuario en un sitio web.
Activity Log proporciona un informe completo de todas las acciones realizadas por un usuario final de Matomo, incluyendo el acceso, la

creación de segmentos, etc.

8 - b. Para seguir el comportamiento de los usuarios durante un periodo de tiempo.

Cohorts de Matomo te permite agrupar a los usuarios en función de una característica común – como por ejemplo, la fecha de registro o el comportamiento de compra – y realizar un seguimiento de su comportamiento a lo largo de un periodo de tiempo. Esta información puede servir para comprender la retención de usuarios, identificar patrones y tendencias y tomar decisiones basadas en datos que ayuden a mejorar la interacción con el sitio y la retención de clientes.

9 -d. Formularios en un sitio web.

Form Analytics de Matomo te proporciona información sobre los resultados de los formularios de tu sitio web, incluyendo el número de envíos, las tasas de conversión y el tiempo que se tarda en completar los formularios. Esta información puede utilizarse para optimizar el diseño de los formularios, mejorar la experiencia del usuario y aumentar las tasas de conversión.

10 - d. Para visualizar los pasos de un proceso de conversión.

Matomo utiliza Funnels para observar y visualizar los pasos que conlleva un proceso de conversión específico, como puede ser el proceso de pago en un comercio electrónico. Esta información se puede utilizar para identificar posibles puntos de abandono, optimizar la experiencia del usuario y mejorar las tasas de conversión.

11 - b. Comportamiento del usuario en un sitio web.

Heatmaps y Session Recordings de Matomo proporcionan representaciones visuales del comportamiento del usuario en un sitio web, acciones como clics, movimientos del ratón, etc.

12 - a. Proporcionar una forma segura de iniciar sesión en Matomo.
LoginSaml es un *plugin* de Matomo que proporciona un inicio de sesión único (SSO) utilizando el protocolo SAML (Security Assertion Markup Language). Esto permite a los usuarios iniciar sesión en Matomo utilizando los sistemas de autenticación de sus respectivas compañías y garantiza un acceso seguro y sencillo a los datos de Matomo Analytics.

13 - b y c.
Media Analytics de Matomo proporciona información sobre el rendimiento de varios tipos de medios de vídeo y sonido.

14 - e. Para consolidar datos de varios sitios web en un único informe.
Roll-Up Reporting de Matomo te permite combinar datos de varios sitios web en un único informe y ofrece una visión cohesionada de los datos. Esta función te permite observar y comparar los resultados de varios sitios web, identificar tendencias y patrones y tomar decisiones sólidamente fundadas para mejorar tu presencia en línea en general.

15 - e. Palabras clave de los motores de búsqueda y su rendimiento
Search Engine Keywords Performance de Matomo proporciona información sobre las palabras clave utilizadas por los usuarios para encontrar tu sitio web a través de los motores de búsqueda (Google, Bing, Yahoo, Yandex). Puedes utilizar esta información para optimizar tu estrategia de posicionamiento en motores de búsqueda (SEO), mejorar la visibilidad de tu sitio web en los resultados de búsqueda, así como aumentar el tráfico y la interacción.

16 - d. Optimizar el posicionamiento en buscadores (SEO)
SEO Web Vitals de Matomo ofrece informes relacionados con parámetros vitales para el rendimiento de una web, como la velocidad de carga y la experiencia del usuario. Esta información se puede utilizar para optimizar la relación de tu sitio web con motores de búsqueda, para mejorar la experiencia del usuario y para mejorar la interacción entre web y usuario y, en consecuencia, lograr mejores tasas de conversión.

17 - a. Comprender el papel de los distintos canales de marketing en las conversiones.
Multi Channel Conversion Attribution (Atribución de conversiones multicanal) de Matomo te ayuda a comprender el papel que desempeñan los diferentes canales de marketing para lograr conversiones. Gracias a la

información aportada por esta función, puedes ver qué canales están siendo más eficaces, atribuir las conversiones a canales específicos (como motores de búsqueda, redes sociales, correo electrónico o publicidad de pago) y tomar decisiones informadas sobre tus estrategias de mercado.

18 - e. Datos de conversión como resultado de la publicidad.
Advertising Conversion Export (Exportador de conversión por publicidad) de Matomo te permite exportar datos de conversiones publicitarias desde Matomo, lo que, a su vez, facilita la importación de estos datos a la plataforma publicitaria que prefieras. Con esta información puedes optimizar tus campañas publicitarias, mejorar el rendimiento de tu publicidad y aumentar las ventas.

19 - a. Visualizar el recorrido de los usuarios en un sitio web.
Users Flow de Matomo ofrece una representación visual del recorrido de los usuarios por tu sitio web. Conociendo las páginas que visitan y los itinerarios que siguen dentro del sitio, estarás en condiciones óptimas para realizar las mejoras necesarias para crear una experiencia del usuario que enriquezca la interacción y lleve a mayores niveles de conversión.

20 - c. Marcar Matomo como propio.
White Label de Matomo te permite marcar Matomo como propio, eliminando el logotipo de Matomo y sustituyéndolo por tu propia marca. Esta función te permite integrar Matomo con tu marca y tus estrategias de marketing, reforzando la coherencia y el impacto de su presencia en línea.

21 - a. Para analizar datos de comercio electrónico para sitios web que utilizan WooCommerce.
WooCommerce Analytics de Matomo es un *plugin* que proporciona datos de comercio electrónico específicamente para sitios web construidos con la plataforma WooCommerce. Esta información se puede utilizar para optimizar su tienda en línea, mejorar la experiencia del usuario e impulsar mejores ventas y tasas de conversión para su negocio.

EJERCICIOS PRÁCTICOS

1 - Utilizando Custom Reports, configura un informe personalizado compuesto por tres dimensiones y al menos dos estadísticas para las que dispongas de datos. Antes de pulsar el botón de *guardar*, haz clic en *vista previa*.
El ejercicio estará completo cuando veas los datos en "Vista previa".

2 - Utilizando Custom Reports, crea un informe personalizado con una estadística como las visitas.
El ejercicio estará completo cuando el informe te muestre un gráfico con los datos.

3 - Utilizando Testing A/B, implementa una prueba del tipo A/B para uno de tus sitios web o bien para una campaña por correo electrónico.
El ejercicio está completo cuando comiences a recibir datos de esa prueba.

4 - Examina los datos de un informe de Activity Log.
El ejercicio estará completo cuando seas capaz de acceder a los datos del informe de esta función prémium.

5 - Examina un informe de Cohorts y hazte una idea general de cómo funciona.
El ejercicio estará completo cuando tengas una idea general del funcionamiento de Cohorts.

6 - Examina un informe de Form Analytics y hazte una idea general de cómo funciona.
El ejercicio estará completo cuando tengas una idea general del funcionamiento de Form Analytics.

7 - Examina un informe de Media Analytics y hazte una idea general de cómo funciona.
El ejercicio estará completo cuando tengas una idea general del funcionamiento de Media Analytics

8 - Define un objetivo con Funnels que incluya al menos dos pasos.
El ejercicio estará completo cuando puedas visualizar el canal que has definido.

9 - Utiliza Heatmaps para crear un mapa térmico y Session Recording para crear una grabación de sesión.
El ejercicio estará completo cuando tengas un informe creado por cada una de estas funciones prémium.
10 - Busca LoginSaml en la web de Matomo https://matomo.org/ y hazte una idea general de qué es y para qué sirve.
El ejercicio estará completo cuando tengas una idea clara de lo que ofrece esta función prémium de Matomo.

11 - Crea un informe de Roll-up Reporting en tu página web de Matomo.
El ejercicio estará completo cuando accedas a dicho informe.

12 - Intenta configurar al menos un motor de búsqueda (Google, Bing, Yahoo, Yandex) en Search Engine Keywords Performance.
El ejercicio estará completo cuando comiences a ver algunos datos en esta aplicación.

13 - Intenta establecer al menos una página de la competencia dentro del *plugin* SEO Web Vitals.
El ejercicio estará completo cuando comiences a ver algunos datos en esta aplicación.

14 - Accede al informe de Multi Channel Conversion Attribution e intenta entenderlo.
El ejercicio estará completo cuando entiendas lo que muestra el informe.

15 - Configura Advertising Conversion Export para Google Ads.
El ejercicio estará completo cuando hayas terminado de configurarlo.

16 - Accede al informe de Users Flow
El ejercicio estará completo cuando tengas acceso.

17 - Configura el *plugin* White Label.
El ejercicio estará completo cuando lo configures satisfactoriamente.

18 - Si tu sitio web utiliza Wordpress con WooCommerce, intenta instalar el *plugin* WooCommerce Analytics.
El ejercicio estará completo cuando lo instales.

24 Plugins

Los *plugins* de Matomo son componentes de software adicionales que amplían la funcionalidad de la plataforma de análisis web. Proporcionan nuevas características y modos de personalización que permiten a los usuarios adaptar Matomo aún más a sus necesidades y preferencias específicas. Algunos de los *plugins* más populares son Goals, User ID Tracking y Custom Dimensions. Matomo cuenta con una pujante comunidad de desarrolladores y usuarios que contribuyen a la plataforma creando y compartiendo *plugins*. Mediante el uso de *plugins*, empresas y organizaciones pueden optimizar su analítica web y obtener más y mejor información sobre su sitio web y su presencia digital.

1 - ¿Para qué sirven los *plugins* en Matomo?
a. Para añadir nuevas funciones a la plataforma.
b. Para corregir errores en la plataforma.
c. Para integrar Matomo con otras herramientas.
d. Para mejorar el rendimiento.
e. Para cambiar la apariencia de la plataforma.

2 - ¿Quién puede crear *plugins* para Matomo?
a. Sólo desarrolladores de Matomo
b. Sólo usuarios de Matomo
c. Cualquiera con conocimientos de programación
d. Sólo profesionales certificados de Matomo
e. Sólo socios Matomo

3 - ¿Cómo afectan los *plugins* al rendimiento de Matomo?
a. Mejoran el rendimiento.
b. No influyen en el rendimiento.
c. Disminuyen el rendimiento.
d. Depende del *plugin*.
e. Provocan inestabilidad.

4 - ¿Cuáles son los *plugins* más populares para Matomo?
a. Goals
b. User ID Tracking

c. Custom Dimensions

d. Ad tracking

e. Conversion Tracking

5 - ¿Los *plugins* para Matomo son gratuitos?

a. Sí, todos los *plugins* son gratuitos.

b. No, los *plugins* tienen un coste.

c. Algunos *plugins* son gratuitos, mientras que otros tienen un coste.

d. El coste de los *plugins* depende del *plugin*.

e. El coste de los *plugins* depende del número de usuarios.

RESPUESTAS Y EXPLICACIONES

1 - a. c. d. e; es decir, casi todas.
A excepción de aquellos que presentan errores (*bugs*), y que por tanto hay que rectificar, los *plugins* sirven para mejorar el uso de Matomo.

2 - c. Cualquiera con conocimientos de programación.
Matomo cuenta con una magnífica comunidad de desarrolladores y usuarios que contribuyen a la plataforma creando y compartiendo *plugins*. Cualquiera con conocimientos de programación puede desarrollar *plugins* para Matomo y compartirlos con la comunidad a través de Matomo Marketplace.

3 - d. Depende del *plugin*.
El impacto de los *plugins* en el rendimiento de Matomo dependerá tanto del *plugin* específico como del entorno en el que se utilice. Así pues, obtener un impacto positivo o negativo en el rendimiento depende en gran medida de los factores mencionados.

4 - a, b, c.
Goals, User ID Tracking y Custom Dimensions son algunos de los *plugins* más populares de Matomo. La razón es que proporcionan nuevas funciones y personalizaciones para que las empresas y organizaciones optimicen su analítica web y obtengan más información sobre su sitio web y su presencia digital. Los otros mencionados en las respuestas (Conversion Tracking y Ad Tracking) no existen.

5 - c. Algunos *plugins* son gratuitos, mientras que otros tienen un coste.
Algunos *plugins* de Matomo son de adquisición y uso gratuito, mientras que otros pueden tener un coste asociado. Esto depende del *plugin*, de su desarrollador y del tipo de licencia que ofrezca. Es posible averiguar y comparar los *plugins* disponibles para determinar cuáles son gratuitos y cuáles tienen un coste. Si deseas hacerlo, puedes empezar por aquí
https://matomo.org/faq/general/faq_22573/

EJERCICIOS PRÁCTICOS

1 - Instala el *plugin* que quieras de los que ofrece el siguiente enlace https://plugins.Matomo.org/.
El ejercicio estará completo cuando puedas ver el *plugin* elegido en tu página web de Matomo.

2 - Configura un entorno de desarrollo similar al presentado en https://developer.Matomo.org/guides/getting-started-part-1.
El ejercicio estará completo cuando hayas configurado tu propio entorno de desarrollo.

3 - Redacta un pliego de especificaciones para un *plugin* "sencillo".
El ejercicio estará completo cuando hayas completado la redacción de tu propio pliego de especificaciones.

4 - Desarrolla tu primer *plugin* siguiendo las directrices que encontrarás en este enlace https://developer.Matomo.org/guides/getting-started-part-1.
El ejercicio estará completo cuando hayas creado tu *plugin*.

25 API

Las API (Application Programming Interface) de Matomo son potentes herramientas que proporcionan a los desarrolladores acceso a los datos de Matomo Analytics. Mediante las API, los desarrolladores pueden crear informes personalizados, obtener datos de tráfico del sitio web e integrar análisis en sus aplicaciones. Matomo ofrece básicamente dos API: Analytics Web API, que se utiliza para solicitar informes y gestionar usuarios, sitios web, permisos, informes de correo electrónico, etc.y Tracking Web API, que se utiliza para el registro de datos utilizando JavaScript Code u otros lenguajes.

1 - ¿Para qué sirve Tracking Web API de Matomo?

a. Permitir a los desarrolladores acceder a los datos de los usuarios para su personalización.
b. Permitir a los desarrolladores automatizar los informes de análisis de sitios web.
c. Permitir a los desarrolladores hacer un seguimiento de los visitantes del sitio web.
d. Permitir a los desarrolladores acceder a los datos de tráfico del sitio web para su análisis.
e. Permitir a los desarrolladores acceder a los registros sin procesar del sitio web para realizar auditorías.

2 - ¿Qué tipo de datos pueden obtenerse a través de Analytics Web API?

a. Datos demográficos de los usuarios
b. Datos de tráfico del sitio web
c. Registros del servidor
d. Datos sobre los resultados de las campañas de marketing
e. Datos sobre el comportamiento de los usuarios

3 - ¿Cuál es el formato de los datos extraídos mediante Analytics Web API?

a. HTML
b. JSON
c. XML
d. CSV
e. PHP

RESPUESTAS Y EXPLICACIONES

1 - c. Permitir a los desarrolladores hacer un seguimiento de los visitantes del sitio web.

2 - a. b. d. e. Es decir, casi todas las respuestas. La respuesta c. también podría valer, si estamos importando *logs* con Matomo.

3 - a. b. c. d. e.
La API para solicitar informes (Analytics Web API) ofrece datos en todos esos formatos; aunque hay formatos que no están disponibles para algunos tipos de informe.

EJERCICIOS PRÁCTICOS

1 - Define una solicitud de Tracking Web API y ejecútala para uno de tus sitios web.
El ejercicio estará completo cuando la solicitud registre una visita.

2 - Siguiendo la secuencia *Área de administración* → *Plataforma* → *API*, elige el método que desees de la lista que aparece para ejecutar una solicitud de Analytics Web API.
El ejercicio estará completo cuando la solicitud se ejecute correctamente.

SOBRE LOS AUTORES

Ronan Chardonneau es analista de datos y experto en el campo de la analítica digital. Con más de 10 años de experiencia en el sector, conoce a fondo los entresijos de Matomo Analytics.

Ronan comenzó su carrera como analista de datos, trabajando con diversas herramientas de análisis para ayudar a las empresas a comprender mejor a sus clientes y optimizar su presencia en línea. Fue durante este tiempo cuando descubrió Matomo Analytics y se sintió inmediatamente atraído por su versatilidad y capacidad para proporcionar información con la que alcanzar una profunda comprensión del tráfico web y el comportamiento del usuario.

Con los años, Ronan se ha convertido en un experto en Matomo Analytics, utilizando sus características y capacidades para ayudar a los clientes a optimizar sus sitios web y mejorar su estrategia digital global. Sabe muy bien cómo aprovechar las dimensiones personalizadas, los eventos y otras funciones para obtener información valiosa sobre el tráfico del sitio web y el comportamiento de los usuarios.

A Ronan le apasiona ayudar a las empresas a tener éxito a través de la toma de decisiones fundamentadas en los datos recogidos. Se dedica a proporcionar a los clientes ideas y recomendaciones prácticas que pueden ayudar a mejorar su presencia en línea e impulsar su crecimiento. Con su amplia experiencia y conocimiento de Matomo Analytics, Ronan es el experto de referencia para las empresas que buscan optimizar su sitio web y sacar el máximo provecho de sus datos.

Tanto si tienes una pequeña empresa que acaba de empezar, como si se trata de una gran empresa que busca mejorar su presencia en línea, Ronan puede ayudarte a aprovechar Matomo Analytics para impulsar el éxito. Con su profundo conocimiento de la plataforma y el compromiso de ayudar a los clientes a alcanzar sus objetivos, Ronan es el socio perfecto para tus necesidades de análisis digital.

Carlos Gago Aragón es un profesional del lenguaje desde hace más de veinte años. Se licenció en Filología Hispánica en la Universidad de Salamanca y desde entonces ha ofrecido servicios profesionales en diversas instituciones y empresas. Ha sido investigador e instructor de lengua en la Universidad de Birmingham (Reino Unido), director del

Departamento de Español del Regional Language Center de la Universidad de Belice y traductor en plantilla para uno de los despachos especializados en Derecho de la Propiedad Industrial e Intelectual más prestigiosos y antiguos de España. Además de traductor *freelance*, ha ejercido diversos oficios y ha recibido formación en especialidades técnicas y artísticas como la literatura, el tatuaje, la escultura y la cerámica de autor. Esta diversidad de intereses y experiencias profesionales, le hace capaz de aportar una gran riqueza en cualquier trabajo de traducción, corrección y *copywriting* que necesiten sus clientes. Para contactar con Carlos, puedes hacerlo en LinkedIn www.linkedin.com/in/carlos-gago-aragon

Diana Furber es trilingüe (inglés, alemán y español) y especialista en SEO y WordPress. Desde 2018, presta servicios a sus clientes con el objetivo de aumentar el valor de sus sitios web, haciéndolos más fáciles de utilizar, más provechosos y más rentables.

Diana presta especial atención a la privacidad, y el énfasis de Matomo en este aspecto fue una de las cosas que le encantó, al descubrir que ofrece una verdadera alternativa técnica y ética a Google Analytics. Y aunque apenas acaba de comenzar con Matomo, está decidida a convertirse en una experta, siempre con el objetivo de prestar un servicio mejor a toda empresa que quiera añadir un compromiso ético a sus prácticas profesionales.

Para contactar con Diana, puedes hacerlo a través de LinkedIn https://linkedin.com/in/dianafurber/ o en su página web https://dianalyst.com